Yvonne Schwarzinger

WURZELGEMÜSE
Vielfalt, die glücklich macht

Auflage:

2019	2018	2017	2016
4	3	2	1

© 2016 by Löwenzahn in der Studienverlag Ges.m.b.H.,
Erlerstraße 10, A-6020 Innsbruck
E-Mail: loewenzahn@studienverlag.at
Internet: www.loewenzahn.at

Umschlag- und Buchgestaltung sowie Illustrationen:
Johanna und Stefan Rasberger, www.labsal.at
Grafische Umsetzung: Maria Strobl, www.gestro.at

Fotografien: Herbert Lehmann, www.herbertlehmann.com
Cover oben: © istock/Toni Scott • Steckrüben S. 14: © iStock/cynoclub

Das Geschirr, auf dem die Gerichte fotografiert wurden, hat uns dankenswerterweise Marco Simonis zur Verfügung gestellt. www.marcosimonis.com

Gedruckt auf umweltfreundlichem, chlor- und säurefrei gebleichtem Papier.

Bibliografische Information Der Deutschen Bibliothek
Die Deutsche Bibliothek verzeichnet diese Publikation in der Deutschen Nationalbibliografie; detaillierte bibliografische Daten sind im Internet über <http://dnb.ddb.de> abrufbar.

ISBN 978-3-7066-2595-1

Alle Rechte vorbehalten. Kein Teil des Werkes darf in irgendeiner Form (Druck, Fotokopie, Mikrofilm oder in einem anderen Verfahren) ohne schriftliche Genehmigung des Verlages reproduziert oder unter Verwendung elektronischer Systeme verarbeitet, vervielfältigt oder verbreitet werden.

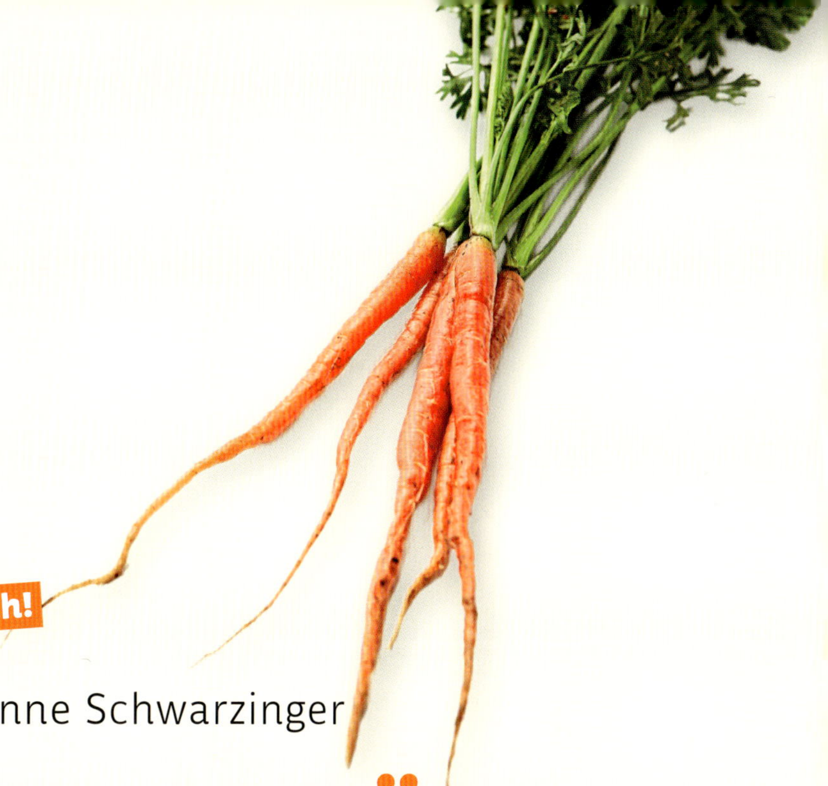

Natürlich koch ich!

Yvonne Schwarzinger

WURZELGEMÜSE

Vielfalt, die glücklich macht

Fotografiert von Herbert Lehmann

34

108

94

134

Inhalt

· 6–7 ·
Unscheinbare Geschmacksgiganten

· 8–15 ·
Sortenvielfalt

· 16–17 ·
9 Mal kluge Tipps

· 18–21 ·
Familie Wild-Obermayr:
Die Gemüseidylle

· 22–25 ·
Franz Lappauf:
Eine besondere Wurzel

· 26–61 ·
Zurück zu den Wurzeln!
Salate und Vorspeisen

· 62–83 ·
Samtig & cremig
Suppen

· 84–129 ·
Wurzelwerke
Hauptgerichte

· 130–143 ·
Saftig & süffig
Brot und Co

· 144–148 ·
Register & Glossar

Die Rezepte sind, wenn nicht anders angegeben,
für 4 Portionen berechnet.

„Bringen Sie mit den tollen Wurzeln Abwechslung in Ihren Speiseplan und auf den Gaumen."

YVONNE SCHWARZINGER

Unscheinbare Geschmacksgiganten

Sie sind meist unscheinbar, ein wenig schrumpelig und optisch sowieso wenig spektakulär - die Wurzelgemüse. Man könnte also sagen, zur Ästhetik haben sie nicht viel beizutragen. Dennoch sind sie so etwas wie bescheidene Stars in meiner Küche. Denn zum Einen funktioniert keine klare Suppe oder Sauce ohne Wurzelgemüse. Und zum Anderen sind Wurzelgemüse wahre Geschmacksgiganten.

Wurzelgemüse waren - abgesehen von Radieschen, Kren, Karotten, Roten Rüben und Sellerie - in unseren Küchen lange kaum vertreten. So tolle Gemüse wie Schwarzwurzeln, Pastinaken, Petersilwurzeln, Topinambur oder Steckrüben kamen erst in den letzten Jahren wieder in Mode. Nicht zuletzt ist dieser Umstand der Spitzengastronomie zu verdanken, die den seltenen Wurzeln aufgrund ihres charakterstarken Eigengeschmacks schon lange Ehrenplätze auf den Tellern gibt. Zum Aufschwung der Wurzelgemüse trugen aber auch der Biotrend und die Rückbesinnung auf saisonale und regionale Produkte bei. Viele Biobauern und Bioläden wollen ihren Kunden auch im Herbst und Winter eine größere Auswahl an Gemüse anbieten. Dadurch kam so manche fast vergessene Knolle und Wurzel wieder in die Gärten, die Regale und schließlich auf den Tisch.

Nicht zu Unrecht liegt Wurzelgemüse mittlerweile im Trend: Die Rüben und Knollen sind reich an Vitaminen, Mineralstoffen und Spurenelementen. Sie sind sogar nahrhafter und gesünder als das meiste Blatt- und Sommergemüse. In ihrem Speicherorgan, der Knolle oder Wurzel, konzentriert die Pflanze alle wichtigen Mineralien und Inhaltsstoffe. Da viele Wurzelgemüsearten erst im zweiten Jahr erntereif sind, lagern sich in den Knollen die gesunden Inhaltsstoffe ab. Auch ist der Wasseranteil des Wurzelgemüses sehr viel niedriger als bei Blattgemüse, weshalb es einen umso höheren Anteil an Vitaminen und Spurenelementen aufweist.

Ich habe viele Jahre in der Küche von Spitzenrestaurants als Entremetier gearbeitet. Also als diejenige, die für Beilagen und Gemüse verantwortlich ist. Und da wir fast ausschließlich saisonale Gemüse verarbeitet haben, hatte ich in den Wintermonaten viel mit allerlei Wurzelgemüse zu tun. Ein perfektes Selleriepüree (Rezept Seite 92) zuzubereiten, ist deshalb auch heute noch etwas, das mich glücklich macht.

Ich möchte Sie mit diesem Buch verführen, die besonderen Qualitäten von Schwarzwurzeln, Pastinaken & Co zu entdecken! Bringen Sie mit den tollen Wurzeln Abwechslung in Ihren Speiseplan und auf den Gaumen. Zugegeben: Wurzelgemüse erfordert etwas Aufwand beim Kochen. Zumindest will es geschält und ordentlich geschnitten werden. Meist sind auch die Garzeiten etwas länger. Deshalb hier noch ein Tipp: Kochen macht dann Spaß, wenn es nicht mit Stress verbunden ist. Im Grunde soll es genauso genussreich und entspannend sein wie das Essen. Damit das gelingt, sollten Sie sich einen kleinen, aber überaus wirkungsvollen Trick von den Profiköchen abschauen. „Mise en place" heißt das Zauberwort! Das bedeutet, dass Sie alle benötigten Zutaten für ein Gericht so vorbereiten, wie sie später gebraucht werden. Und das, bevor Sie den Herd anschalten! Also, die Gemüse waschen, schälen und schneiden. Die benötigten Gewürze bereitstellen. Alle weiteren Zutaten portionieren oder abwiegen. Das erspart Ihnen viel Stress, wenn dann erst einmal Hitze unter den Töpfen und Pfannen ist. Ganz besonders gilt das für ein Gericht, das Sie das erste Mal zubereiten.

In diesem Sinne wünsche ich Ihnen ein entspanntes Kochen und genussvolle, abwechslungsreiche Mahlzeiten!

Sortenvielfalt

Garzeiten! Wurzelgemüse sollten Sie beim Kochen immer gut durchgaren. Nur wenn sie richtig schön weich gekocht oder geschmort sind, entfalten sie ihr volles Aroma. Eine genaue Garzeit bei den Rezepten anzugeben, ist allerdings schwierig, da sie von vielen Faktoren abhängt. Am besten ist es also, den Gargrad der Gemüse beim Kochen hin und wieder (am besten durch Einstechen mit einem schmalen Messer oder einer Nadel) zu kontrollieren.

Fenchel

Der Fenchel zählt wie Sellerie und Karotte zur Familie der Doldenblütler und stammt aus Kleinasien und dem Mittelmeerraum. Dort ist er auch oft auf den Tellern zu finden. Bei uns scheidet der Fenchel mit seinem charakteristischen, leicht an Anis erinnernden Geschmack oft die Geister. Dabei ist Fenchel gesund, kalorienarm und vielfältig einsetzbar. Er harmoniert quasi mit allen Lebensmitteln. Besonders reizvoll ist die Verbindung von Fenchel und Fisch.

Haferwurzel

Die Haferwurzel, bereits seit der Antike im Mittelmeerraum bekannt, ist in den letzten Jahrzehnten fast in Vergessenheit geraten. Erst heute, mit der Wertschätzung und Förderung der Sortenvielfalt, wird sie mancherorts wieder angeboten. Sie ähnelt im Aussehen der Schwarzwurzel und kann auch so verarbeitet werden. Ihr Geschmack ist leicht süßlich. Oft heißt es, ihr Aroma erinnere auch ein wenig an Austern. Die Blätter der Haferwurzel können übrigens auch wie Spinat oder roh im Salat verzehrt werden.

Ingwer

Der Ingwer zählt zu den ältesten Gewürz- und Heilpflanzen überhaupt. Er wurde in China bereits vor mehr als 3000 Jahren kultiviert. Mit dem Crossover-Trend hat der Ingwer auch in unseren Küchen Einzug gehalten. Er schmeckt säuerlich-fruchtig und verfügt über eine ausgeprägte Schärfe. Er wird daher hauptsächlich zum Würzen von Speisen verwendet und verleiht diesen seine charakteristische Note. Auch im Tee ist der Ingwer sehr beliebt.

Karotten

Karotten sind hierzulande das wohl am meisten verwendete Wurzelgemüse. Sie enthalten viele Vitamine und Nährstoffe aber wenig Kalorien. Ihr süßlicher Geschmack stammt von ihrem eher hohen Zuckergehalt, der bis zu 6 % betragen kann. Karotten sind äußerst vielseitig verwendbar. Sie schmecken roh als Snack oder im Salat, gekocht als Gemüse oder in der Suppe. Besonders gesund macht sie ihr hoher Anteil an Beta-Carotin, das im Körper zu Vitamin A umgewandelt wird.

Knollensellerie

Knollensellerie ist ein besonders würziger Vertreter in der Familie der Wurzelgemüse. Sein herber Geschmack verleiht Suppen und Saucen die nötige Würze. Das intensive Aroma verdankt Sellerie übrigens seinem hohen und sehr gesunden Anteil an ätherischen Ölen. Zum Würzen lässt sich ein Selleriesalz einfach selber herstellen, indem man 1 Teil Sellerie (klein geschnitten) und 2 Teile Meersalz vermischt, zwei Tage ziehen lässt und anschließend im Backofen bei 120°C trocknet. Die fertige Mischung kann man dann in eine Gewürzmühle füllen.

Kohlrabi

Kohlrabi wächst im Unterschied zu anderen Knollen und Wurzeln oberirdisch. Er ist in weißen oder (seltener) blauen Sorten erhältlich. Sein Fruchtfleisch schmeckt leicht süßlich, wobei es - vor allem roh genossen - auch einen deutlichen Touch Säure und Schärfe besitzt. Kohlrabi ist so harmonisch im Geschmack, dass er beim Kochen wenig Gewürzzugabe erfordert. Gedünstet, nur mit Salz und ein wenig Butter, ist er eine hervorragende und schnell zubereitete Beilage zu Fleisch und Fisch.

Kren

Er enthält mehr Vitamin C als Zitronen, ist ein natürliches Antibiotikum und viele finden ihn zum Weinen gut! Der Kren ist die schärfste Wurzel unter den Rettichsorten. Schon seit Jahrhunderten gilt er als Heilpflanze. Seine Inhaltsstoffe wirken antibakteriell und durchblutungsfördernd, er unterstützt die Nierentätigkeit und hilft bei Blasenleiden. Am besten schmeckt Kren, wenn er ganz frisch gerieben ist, denn die Schärfe verfliegt schnell.

Mairübchen

Die Mairübe - auch Navette genannt - ist die kleinere und jüngere Variante der robusten Speiserübe. Wie der Name sagt, wird sie ab Mai bis Juni geerntet und ist nicht länger lagerfähig. Ihr Fruchtfleisch ist zart und cremig, ihr Geschmack mild bis leicht scharf. Mairüben eignen sich hervorragend als Rohkost, lassen sich aber auch gut braten oder dünsten. Ihre Blätter schmecken sowohl im Salat als auch wie Spinat zubereitet.

Pastinaken

Bis ins 18. Jahrhundert zählten Pastinaken hierzulande als wichtiges Grundnahrungsmittel, wurden dann aber von Karotten und Erdäpfeln verdrängt. Dabei ist die leicht süßlich schmeckende und sehr stärkehaltige Wurzel vielseitig verwendbar. Die Pastinake ist geschmacklich irgendwo zwischen Karotte und Sellerie angesiedelt und kann auch roh gegessen werden.

Petersilwurzeln

Ein echtes Comeback in unseren Küchen feierte auch die Petersilwurzel. Kannte man sie lange Zeit nur als Teil des klassischen Suppengrüns, schätzen Feinschmecker heute ihre Qualitäten auch wieder als feines Beilagengemüse. Die Vitamin C-reiche Wurzel lässt sich dünsten, schmoren und zu Suppen oder Pürees verarbeiten. Sie erinnert im Geschmack, wie der Name sagt, an Petersilie. Das frische Blattgrün kann auch wie Petersilie verwendet werden.

Radieschen

Die Radieschen zählen zu den ersten Gemüsen, die uns der Frühling zu bieten hat. Ab April können sie geerntet werden. Mit ihrer hübschen Farbe, dem zarten Fleisch und der leichten Schärfe bereichern sie Jause und Salat. Wählen Sie beim Einkauf eher kleine Früchte (da größere oft holzig sind) und achten Sie darauf, dass die Blätter nicht welk oder gelblich verfärbt sind, da die Radieschen sonst überlagert sind.

Rettich

Rettich - vor allem der weiße Bierrettich - wird bei uns meist roh zur Jause oder im Salat gegessen. Er lässt sich jedoch auch wunderbar als Gemüse dünsten oder in Suppen verarbeiten. Seinen scharfen Geschmack verdankt der Rettich seinem hohen Anteil an Senfölen, die nachweislich wohltuend auf Galle, Leber und Verdauung wirken. Im Frühjahr und Sommer hat der weiße Rettich Saison, während im Winter sein schwarzes Pendant im Angebot ist.

Schwarzwurzeln

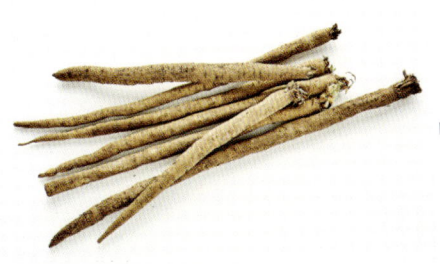

Schwarzwurzeln, gerne auch „Winterspargel" genannt, erfreuen sich bei uns zunehmender Beliebtheit. Sie sind kalorienarm, reich an Vitaminen und Ballaststoffen und haben einen nussigen, leicht süßlichen Geschmack. Achten Sie beim Einkauf darauf, möglichst gerade gewachsene, nicht zu dünne Stangen zu bekommen, da sonst das Schälen sehr aufwendig ist. Geschälte Schwarzwurzeln sofort in Zitronenwasser einlegen, da sie sich sonst braun verfärben.

Rote Rüben

Die Rote Rübe hat ihren Ursprung wahrscheinlich in Nordafrika und kam mit den Römern nach Mitteleuropa. Es gibt sie in runder und länglicher Form und mittlerweile auch in verschiedenen (gestreiften) Farbvarianten. Rote Rüben kann man in Salzwasser kochen oder in Folie verpackt im Backofen mit Salz und Kümmel garen. Auch roh ist sie als Saft oder geraspelt im Salat genießbar. Ihre Blätter und Stängel können wie Spinat verwendet werden.

Steckrüben

Da sie in Notzeiten oft als einzig verfügbares Nahrungsmittel dienen mussten, haben Steckrüben auch heute noch keinen besonders guten Ruf. Neue Züchtungen haben aus der ehemaligen Vieh- und Notnahrung aber ein delikates Gemüse gemacht. Aus der leicht süßlich schmeckenden Steckrübe lassen sich wunderbare Pürees, Suppen, Eintöpfe oder Gratins zubereiten. Steckrüben schmecken am besten, wenn sie gut durchgegart sind. Roh sind sie ungenießbar.

Süßkartoffeln

Die aus Südamerika stammenden Süßkartoffeln sind mit ihrer Fülle an Nähr- und Vitalstoffen nicht nur äußerst gesund, sie schmecken auch hervorragend. Und das in jeder nur denkbaren Zubereitungsart. Anders als die normale Kartoffel (mit der die Süßkartoffel übrigens nicht verwandt ist) kann sie auch roh gegessen werden, z.B. geraspelt in Salaten oder mit Dips. Auch Chips und Pommes frites lassen sich aus Süßkartoffeln herstellen.

Topinambur

Eine echte Renaissance in der Küche hat in den letzten Jahren der Topinambur erlebt. Die kartoffelähnliche Knolle ist gesund und von sehr feinem Aroma, das leicht süßlich und nussig ist. Topinambur ist reich an Ballaststoffen, aber arm an Kalorien und wird deshalb in der Diätküche gerne als Kartoffelersatz verwendet. Er schmeckt aber auch wunderbar als Gemüsebeilage oder in Suppen.

Zwiebeln/Schalotten

Zwiebeln und Schalotten – kaum ein deftiges Gericht kommt ohne die gesunden Aromenwunder aus. Roh verleihen sie einem Gericht bekömmliche Schärfe und geschmort überraschen sie mit ihrer harmonischen Süße. Verglichen mit der herkömmlichen Zwiebel ist die Schalotte milder und feiner im Geschmack, weswegen sie bevorzugt in der feineren Küche eingesetzt wird.

9 Mal kluge Tipps

1. Kühl und feucht

Lagern Sie Wurzelgemüse möglichst kühl - am besten in der sogenannten „Superfresh"-Lade des Kühlschranks bei 1 bis 3°C. Am längsten bleibt Wurzelgemüse frisch, wenn Sie es zudem in zwei, drei Lagen feuchtes Küchenpapier wickeln und in einer verschließbaren Box aufbewahren.

2. Lieber ohne Grün

Wurzelgemüse, wie etwa junge Karotten oder Radieschen, bleibt länger frisch und knackig, wenn Sie vor dem Einlagern das Blattgrün entfernen. Denn die Wurzel dient als Wasserspeicher für die oberen grünen Planzenteile. Entfernt man diese nicht, entziehen sie der Wurzel weiterhin Wasser und Nährstoffe und lassen sie so rascher verderben.

3. Resteverwertung deluxe

Die Schalen von Sellerieknollen oder Petersilwurzeln oder auch die Abschnitte von Zwiebeln sind zu wertvoll zum Wegwerfen. Aus ihnen lässt sich „nebenbei" ganz leicht ein feiner Gemüsefond herstellen, indem man sie mit kaltem Wasser ansetzt und etwa 30 Minuten leicht köcheln lässt. Alternativ können die Schalen auch direkt beim Ansetzen von Saucen oder Suppen verwendet werden.

4. Vorsicht Karotte!

Natürlich darf und soll auch die Karotte als Geschmacksgeber in Saucen und Suppen. Allerdings ist hier Vorsicht geboten. Denn die Karotte enthält sehr viel natürliche Süße. Karotten sollten in Saucen und Suppen also eher sparsam eingesetzt werden, damit das Endprodukt nicht zu süßlich schmeckt.

5. Salz her!

Wenn Sie Wurzelgemüse anschwitzen - z.B. für Suppen, Eintöpfe oder Pürees -, geben Sie gleich zu Beginn eine gute Prise Salz zu. Das Salz entzieht dem Wurzelgemüse das Wasser und lässt es dünsten. Dadurch kann sich der Geschmack besser entfalten und Sie vermeiden unerwünschte Röstaromen sowie braune Farbtöne.

6. Salz weg!

Umgekehrtes gilt für das Ansetzen von Fleischsaucen und Jus. Hier sind die Röstaromen erwünscht und das Wurzelgemüse sollte deshalb möglichst scharf und ohne Salz angebraten werden. Auch sollte man hier das Wurzelgemüse so lange rösten, bis es rundum eine schöne braune Farbe hat.

7. Gut geschützt

An die Verarbeitung von Schwarzwurzeln und Roten Rüben sollten Sie nur mit Handschuhen gehen. Beide Gemüse färben Finger, Nägel (und natürlich auch Kleidung) nachhaltig dunkelviolett oder braun. Schwarzwurzeln sondern beim Schälen zudem einen Milchsaft ab, der stark klebrig ist und sich schwer von den Händen entfernen lässt.

8. Starke Aromen

Viele Wurzelgemüse zeichnen sich durch kräftige Aromen und eine leichte Süße aus. Sie vertragen deshalb auch kräftige Gewürze. Besonders reizvoll sind die Verbindungen von Vanille, Muskat oder auch Kardamom mit Wurzelgemüsen. Auch mit Pfeffer müssen Sie nicht allzu sparsam umgehen.

9. Das Kraut für alle Fälle

Wer Petersilie liebt, kann diese Leidenschaft beim Kochen mit Wurzelgemüse voll ausleben. Denn kein anderes Küchenkraut passt so gut zu den geschmackvollen Rüben und Knollen wie dieses. Nur die Retticharten unter den Wurzelgemüsen (wie Radieschen, Bierrettich und Mairübchen) harmonieren besser mit der besonderen Frische des Schnittlauchs.

Am Bio-Hof der Familie Wild-Obermayr wird händisch geerntet, wie hier zum Beispiel Haferwurzeln.

FAMILIE WILD-OBERMAYR
Die Gemüseidylle

In der Welt von Gabi Wild-Obermayr dreht sich alles um Gemüse. Mehr als 100 Sorten baut sie auf ihrem Bio-Hof in Niederneukirchen bei St. Florian rund ums Jahr an. Biologisch und saisonal – das sind dabei ihre Leitmotive. Im Herbst und Winter sind deshalb – neben den Kohlarten – die Wurzelgemüse die Stars auf den Äckern der engagierten Biobäuerin. Gabi Wild-Obermayr setzt dabei gerne auf alte Sorten oder in unseren Breiten neuartige Gemüse wie Süßkartoffel und Yakon-Wurzel und baut ihre Gemüse in kleinen Kulturen bunt durchmischt an. Das dient auch der Bodenpflege und der Schädlingsbekämpfung auf ihren Feldern. Und so finden sich auf den Herbstäckern von Gabi Wild-Obermayr eine Reihe Rote Rüben neben einer mit Haferwurzeln, hinter der ein dichter Teppich Selleriegrün anzeigt, welche Gemüseschätze sich unter ihm im lehmigen Boden verbergen. Und ein Stück weiter hinten blühen auf einem kleinen Flecken die bis zu 3 Meter hoch aufgeschossenen Topinamburpflanzen in herrlichem Gelb. Es ist eine Gemüseidylle der besonderen Art, die die 52-jährige Landwirtin sich da erschaffen hat und immer wieder neu erschafft.

Eine arbeitsintensive Idylle übrigens. Denn am Hof nahe St. Florian wird händisch geerntet, zum Beispiel 20.000 Sellerieknollen! Verkauft werden diese dann unter anderem im eigenen Hofladen von Gabi Wild-Obermayr und ihrem Mann und Partner Klaus Wild. Dieser kümmert sich – während sich die Frau des Hauses ganz dem Gemüse widmet – um die 7 Hektar Obstgärten, die rund um den Hof die hügelige Landschaft verschönern. Im Hofladen warten auf die Besucher die köstlichen Obst-und Gemüseprodukte übrigens auch in vielfältig verarbeiteter Form. Neben Obstsäften und Marmeladen sind dabei auch viele eingelegte Gemüse wie etwa Senf- und Salzgurken, Kraut, Zucchini und Paprika erhältlich. Gabi Wild-Obermayr nutzt dafür hauptsächlich die Methode des milchsauren Einlegens, die sich besonders für Wurzelgemüse eignet. Und sie gibt ihre Rezepte gerne weiter:

Milchsaures Wurzelgemüse

- 400 g Karotten
- 400 g Knollensellerie
- 8 g Salz
- 400 g säuerliche Äpfel
- 2 Lorbeerblätter
- 2 Gewürznelken
- 1 TL Senfkörner
- 1 TL Korianderkörner
- frische Kräuter nach Geschmack
- 50 ml Buttermilch
- 12 dünne Scheiben Kren
- einige Krautblätter zum Abdecken

Zubereitung: Karotten und Sellerie gründlich reinigen, schälen und feinnudelig schneiden oder grob raspeln. Das Gemüse einsalzen und in einer Schüssel so lange gut durchdrücken, bis der Saft ausgetreten ist. Äpfel schälen, hobeln und untermischen. Die Gewürze und Kräuter untermengen. Die Mischung in vorbereitete Gläser füllen, dabei schichtweise etwas Buttermilch zugeben. Die Gläser zu 4/5 füllen und darauf achten, dass das Gemüse vollständig von seinem Saft bedeckt ist. Bei zu wenig Eigenflüssigkeit mit Sauerkrautsaft oder einer kalten 1%igen Salzwasserlösung aufgießen. Ein paar Krenscheiben auf das Gemüse legen und alles mit einem Krautblatt abdecken. Das Gemüse mit zwei Holzspachteln (in der Apotheke erhältlich) festspannen. Der Saft muss dann 2 cm über dem Krautblatt stehen. Die Gläser locker verschließen (Schraubdeckel nicht ganz zudrehen) und das Gemüse 2 Tage lang bei 20°C angären lassen. Die nächsten 14 Tage bei 15°C weitergären. Dann das fertige Sauergemüse bei Kellertemperatur lagern.

Milchsaures Gemüse ist leicht herzustellen. Und man kann dabei die Zutaten beinahe beliebig variieren. Rote, schwarze oder weiße Rüben eignen sich dafür ebenso wie Blaukraut oder Chinakohl. Damit das Einlegen gelingt, sollte man jedoch einige Dinge beachten. Wichtig ist vor allem, dass die Gärtemperatur in den ersten 2 bis 5 Tagen wirklich 20 bis 22°C beträgt. Liegt die Temperatur darunter, kommt es zu einer Essiggärung, die das Gemüse ungenießbar macht. Weiters sollte man darauf achten, dass das Gemüse im Glas wirklich gut mit Flüssigkeit bedeckt ist. Wo das Gemüse Kontakt mit Luft hat, beginnt es zu schimmeln.

Verzehrfertig ist das milchsaure Wurzelgemüse bereits nach 2 bis 3 Wochen. Bei korrekter Lagerung ist es jedoch sehr lange haltbar und versorgt uns über den ganzen Winter mit Vitaminen und Nährstoffen. „Das Wurzelgemüse wird durch die milchsaure Gärung sogar noch gesünder als durch andere Garungsmethoden. Zum Beispiel wird dabei Vitamin B 12 aufgebaut. Und das vergorene und somit gegarte Gemüse ist auch bekömmlicher als rohes", schwärmt Gabi Wild-Obermayr von dieser Einlegemethode. Der Biobäuerin ist es wichtig, ihr umfangreiches Wissen auch weiterzugeben. Sie veranstaltet auf ihrem Hof deshalb auch Führungen und Kochkurse. „Die Leute legen wieder Wert auf echtes Essen und saisonale und regionale Produkte. Aber sie brauchen oft eine Anleitung, wie man sie richtig verarbeitet", meint sie. Der Hof von Gabi Wild-Obermayr ist deshalb immer einen Besuch wert, ganz speziell an jedem ersten Samstag im Monat, wenn ein Bauernmarkt mit vielen unterschiedlichen Schätzen aus der Region lockt.

....

Gabriele Wild-Obermayr und Klaus Wild
Ipftal 29
4491 Niederneukirchen
Tel.: 07224 8223
Mobil: 0676 733 1627
gemuesehof@aon.at
http://gemuesehof.jimdo.com/

Ab-Hof-Verkauf
Dienstag und Freitag von 8.00 bis 18.00 Uhr
Samstag von 8.00 bis 12.00 Uhr

FRANZ TAPPAUF
Eine besondere Wurzel

Der Steirer Franz Tappauf widmet sich ganz dem Kren. Die Liebe zu der scharfen und gesunden Wurz'n liegt ihm sozusagen im Blut.

Was gibt es besseres zur Jause als frisch geriebenen Kren? Würzig und scharf und doch von feinem Aroma veredelt er vieles - Selchfleisch z.B., das knackige Frankfurter Würstl oder Räucherfisch und auch so manchen Salat. Einer, der dem Kren seine ganze berufliche Leidenschaft gewidmet hat, ist Franz Tappauf aus Studenzen in der Steiermark. Gemeinsam mit seiner Frau Ursula produziert der Landwirt auf 4 Hektar ausschließlich den gütebesiegelten Steirischen Kren. Und dieser ist weit über die Landesgrenzen hinaus beliebt.

Als „fertige" Wurzel - oder Wurz'n wie man in Österreich sagt - erscheint der Kren eher unscheinbar. Im Anbau dafür verlangt er mehr Aufmerksamkeit und Einsatz als das meiste andere Gemüse. Etwa 1000 Arbeitsstunden müssen beim Krenanbau pro Hektar investiert werden. Zum Vergleich: Bei Kürbis oder Mais sind es nur 30 Stunden. „Das liegt vor allem daran, dass beim Kren das meiste nach wie vor händisch gemacht werden muss", erklärt Franz Tappauf. Außerdem benötigt es vom Anbau bis zur Ernte viele Arbeitsschritte, damit sich die Konsumenten schließlich an kräftigen, gerade gewachsenen Krenwurz'n erfreuen können.

Bereits im März und April werden die kräftigen Seitenwurzeln, in der Steiermark „Fechser" genannt, angepflanzt. Diese stammen von der vorangegangenen Krenernte und waren über den Winter eingelagert. Im Juni dann beginnt das sogenannte „Kren heben". Bei dieser mühevollen Tätigkeit werden die Wurzeln auf dem Feld in Handarbeit freigelegt. Dann werden bis auf den stärksten und kräftigsten Trieb alle anderen Triebe und Seitentriebe abgerieben oder abgeschnitten. Damit erzeugt man glatte, gleichmäßige Krenstangen. Diese

Vom Anbau bis zur Ernte sind viele Arbeitsschritte notwendig, damit sich die Konsumenten an kräftigen, gerade gewachsenen Krenwurzn erfreuen können.

Franz Tappauf wurde die Liebe zum Kren praktisch in die Wiege gelegt. Denn begonnen hat die Tappauf'sche Begeisterung für die scharfe Wurzel bereits mit Vater Josef. Dieser entschloss sich in den 70er Jahren, als Nebenerwerb zur Viehmast und dem Ackerbau Kren zu kultivieren - anfangs im Vorgarten des Hofs sozusagen. Doch schon bald stellte Josef Tappauf fest, dass die tiefgründigen steirischen Böden ideal für den Krenanbau sind. In reiner Handarbeit wurden immer mehr Äcker mit Kren bebaut. Mit viel Leidenschaft erforschte Josef Tappauf dieses vitaminreiche Gemüse und auch seine Gattin Magdalena lernte die Vorteile dieser Wurzel kennen, indem sie immer wieder neue Küchen- und Heilrezepte damit ausprobierte, die auch ihre 10 Kinder begeisterten. Die Tappaufs waren schnell so erfolgreich mit ihrem Kren, dass in den 80er Jahren der Betrieb dann zur Gänze auf Krenanbau umgestellt wurde. Und als Franz Tappauf dann aktiv ins elterliche Unternehmen eintrat, bekam der Betrieb noch mehr „Schärfe" in Form von innovativen Ideen und dem Schwung der nächsten Generation.

Natürlich ist auch Franz Tappaufs Frau Ursula vom Kren begeistert. „Ich koche natürlich sehr viel und gerne mit Kren und probiere laufend neue Dinge aus", erzählt sie. „Der Kren eignet sich sehr gut als Würze und ich streue ihn über allerlei Speisen, so auch über fast jeden Salat." Dass der Kren, der auch „steirisches Antibiotikum" genannt wird, dabei nicht nur gut schmeckt, sondern auch allerlei heilsame Wirkungen hat, ist ein angenehmer und gesunder Nebeneffekt. Einen Tipp, wie man beim Krenreiben das Weinen vermeiden kann, hat aber auch Ursula Tappauf nicht. „Das Weinen gehört beim Kren einfach dazu", sagt sie lachend. „Und es hat ja auch eine positive Wirkung. Es befreit die Nase und die Nebenhöhlen."

....

Ursula und Franz Tappauf
Erbersdorf 6
8322 Studenzen
Tel. u. Fax: 03115 2423
Mobil: 0664 4420761
franz.tappauf@aon.at

Arbeit ist nicht nur aufwendig, sondern erfordert auch einiges an Erfahrung und Fingerspitzengefühl. „Beim Kren ist jede Pflanze verschieden. Automatisieren kann man die Arbeit deshalb kaum. Wenn man sich entschließt, Kren anzubauen, muss man bereit sein, akribisch und viel händisch zu arbeiten", meint Franz Tappauf. Die eigentliche Ernte des Krens, die man in der Steiermark „Kren ausbau'n" nennt, geschieht im Spätherbst (Oktober—November) mithilfe eines Rodegerätes, welches die Krenwurzeln aushebt und auf die Ackeroberfläche legt. Allerdings wird nicht der gesamte Kren im Herbst ausgebaut, ein Teil bleibt über den Winter im Acker, um im Frühjahr, passend zu Ostern, frisch geerntet zu werden.

Zurück zu den Wurzeln!
Salate und Vorspeisen

- 500 g Schalotten
- 500 g Pflaumen (oder Zwetschken)
- 200 g brauner Rohrzucker
- 4 EL Balsamicoessig
- 4 EL Weißweinessig
- 200 ml roter Portwein
- 10 g Ingwer, fein gerieben
- 1 kleine Chilischote
- 10 Korianderkörner, fein gemörsert

- Meersalz
- schwarzer Pfeffer aus der Mühle

Schalotten-Pflaumen-Chutney

Schritt 1 / Die Schalotten schälen, halbieren, den Strunk entfernen und die Schalotten längs in feine Streifen schneiden. In kochendem Wasser 2 Minuten blanchieren und abseihen. Die Pflaumen entkernen und in kleine Stücke schneiden.

Schritt 2 / Einen Topf sehr heiß werden lassen und die Schalotten trocken einlegen. Sofort den Rohrzucker zufügen und kräftig rühren, bis die Masse zu kochen beginnt. Die Pflaumen zufügen und einige Minuten kräftig durchkochen. Mit den beiden Essigsorten ablöschen und reduzieren lassen.

Schritt 3 / Die Chilischote halbieren, entkernen und fein hacken. Chili, Ingwer und Koriander zum Chutney geben, mit dem Portwein aufgießen und die Masse dicklich einkochen lassen. Mit Salz, Pfeffer und eventuell noch etwas Essig würzig abschmecken. Das noch heiße Chutney in kleine Gläser füllen und gut verschließen.

Mein Tipp Dieses Chutney passt hervorragend zu kräftigem Käse wie Bergkäse oder Blauschimmelkäse. Auch gebratene Hühner- oder Entenleber harmoniert damit sehr gut. Verzichten Sie bei der Zubereitung bitte keinesfalls auf das Blanchieren der Schalotten. Dieser Arbeitsschritt ist unbedingt notwendig, da sonst die spitze Säure der Schalotten zu dominant wäre.

Salat von Wurzelgemüsen
und Pilzen mit Tomatenjus

Schritt 1 / Karotten, Rote Rüben und Kohlrabi schälen. Rüben und Kohlrabi in Stifte schneiden. Von den Karotten mit einem Sparschäler längs Streifen abziehen. Radieschen und Fenchel waschen und putzen. Stiele der Champignons entfernen und die Köpfe in Scheiben schneiden. Die Stiele säubern und beiseite stellen. Austernpilze in Streifen schneiden.

Schritt 2 / Karotten und Kohlrabi in je einem eigenen Topf in etwas Olivenöl anschwitzen und jeweils mit der Hälfte der Gemüsebrühe aufgießen. Salzen und pfeffern und bissfest garen. In der Brühe erkalten lassen.

Schritt 3 / Champignons und Austernpilze mit den Schalotten in der Hälfte des Olivenöls gar braten, mit Salz und Pfeffer würzen.

Schritt 4 / Radieschen in dünne Streifen schneiden. Fenchel waschen, den Strunk entfernen, die Blätter vereinzeln und in dünne Streifen schneiden.

Schritt 5 / Für den Tomatensud die Tomaten in Stücke schneiden. Die Gewürze im Mörser grob zerstoßen. Den Kochfond von Karotten und Kohlrabi in einen Topf seihen und die Tomaten mit den Gewürzen darin einige Minuten köcheln lassen. Den Fond durch ein feines Sieb seihen, mit Salz und Pfeffer abschmecken, den Gin und das Olivenöl einrühren.

Schritt 6 / Radieschen, Fenchel und Vogerlsalat in einer Schüssel mit dem restlichen Olivenöl und dem Balsamicoessig marinieren.

Schritt 7 / Salat, Pilze und Gemüse dekorativ auf Tellern anrichten, mit einigen Basilikumblättern garnieren und mit dem Tomatenjus umgießen.

Mein Tipp Servieren Sie zu diesem Salat am besten Knoblauchbaguette. Dazu einfach ein Baguette im Abstand von 1,5 cm einschneiden. 2 EL Butter mit Salz, fein gehackter Petersilie und zerdrücktem Knoblauch mischen und in das Baguette streichen. Das Brot bei 170°C Heißluft für ca. 5 Minuten im Backofen rösten.

Für den Salat
- 2 dicke Karotten
- 2 kleine Rote Rüben, gekocht
- 1 Kohlrabi
- 1/2 Bund Radieschen
- 1 Fenchelknolle
- 100 g Champignons
- 100 g Austernpilze
- 200 ml Gemüsebrühe
- 2 Schalotten, in Streifen geschnitten
- 10 EL Olivenöl
- 70 g Vogerlsalat
- 5 EL weißer Balsamicoessig

Für den Tomatenjus
- 4 Tomaten
- 10 Korianderkörner
- 4 schwarze Pfefferkörner
- 2 Wacholderbeeren
- 2 cl Gin
- 4 EL Olivenöl

- Meersalz
- schwarzer Pfeffer aus der Mühle
- einige Blätter Basilikum zum Verfeinern

Zweierlei Karottensalat

Schritt 1 / Für den gekochten Salat die Karotten schälen und in feine Scheiben schneiden. Diese in Salzwasser bissfest kochen, abseihen und kalt abschrecken.

Schritt 2 / Die Korianderkörner im Mörser grob zerstoßen und in einer Pfanne leicht anrösten.

Schritt 3 / Den Junglauch waschen und den weißen Teil in feine Scheiben schneiden.

Schritt 4 / Aus Essig, Öl, Zucker und Pernod eine Marinade rühren und gut mit Salz und Pfeffer abschmecken. Den Koriander untermengen.

Schritt 5 / Alle Zutaten miteinander vermischen und mindestens 10 Minuten durchziehen lassen.

Schritt 6 / Für den rohen Karottensalat die Karotten und den Apfel schälen und in feine Streifen schneiden. Sofort mit dem Zitronensaft marinieren.

Schritt 7 / Den Ingwer schälen und fein reiben. Mit dem Joghurt und dem Olivenöl verrühren und mit Salz, Pfeffer und Zucker abschmecken.

Schritt 8 / Alle Zutaten miteinander vermengen und mindestens 10 Minuten durchziehen lassen.

Mein Tipp Verwenden Sie für Karottensalate möglichst junge, frische Karotten. Bei größeren Exemplaren schneiden Sie das dicke Ende großzügig ab, sodass keine grünen Stellen mehr erkennbar sind, da diese leicht bitter und muffig schmecken können.

Für den gekochten Karottensalat
- 400 g Karotten
- 5 Korianderkörner
- 1 Stange Junglauch
- 3 EL Weißweinessig
- 3 EL Olivenöl
- 1 Prise Zucker
- 10 ml Pernod

Für den rohen Karottensalat
- 400 g Karotten
- 1 säuerlicher Apfel
- Saft von 1 Zitrone
- 30 g Ingwer
- 2 EL griechisches Joghurt
- 2 EL Olivenöl
- 1 Prise Zucker

- Meersalz
- schwarzer Pfeffer aus der Mühle

Scampi
in Karottenöl

Für das Karottengemüse
- 2 Karotten
- 1 Prise Zucker
- 1 gute Prise Meersalz
- 20 g Butter

Für das Karottenöl
- 150 ml Karottensaft
- 20 g Ingwer
- 1 Prise Piment
- 1 TL Zitronensaft
- 3 EL Leinöl

Für die Scampi
- 12 mittelgroße Scampi, in der Schale
- 1 Petersilwurzel
- 20 g Butter

Für den Schnittlauchschaum
- 100 ml Gemüsebrühe
- 70 g Butter
- 1/2 Bund Schnittlauch

- Meersalz
- schwarzer Pfeffer aus der Mühle

Schritt 1 / Für das Karottengemüse die Karotten schälen und in 3 mm große Würfel schneiden. Mit Zucker und Salz vermischen, mit der Butter in Alufolie wickeln und im Backofen bei 180°C Ober-/Unterhitze ca. 20 Minuten weich garen.

Schritt 2 / Für das Karottenöl den Ingwer schälen und mit dem Karottensaft in einem kleinen Topf aufkochen lassen. Die Flüssigkeit auf die Hälfte reduzieren lassen und mit Piment, Zitronensaft und Salz abschmecken.

Schritt 3 / Die Scampi schälen und den Darm entfernen. Die Petersilwurzel schälen und quer in sehr feine Scheiben schneiden. Den Rücken der Scampi mit dem Petersilwurzelscheiben dachziegelartig belegen und die Scampi auf dieser Seite in der Butter bei mittlerer Hitze goldbraun braten.

Schritt 4 / Für den Schnittlauchschaum die Gemüsebrühe mit der Butter aufkochen. Den Schnittlauch fein schneiden und in der Brühe mit dem Stabmixer sehr fein pürieren. Mit Salz und Pfeffer abschmecken und mit dem Stabmixer aufschäumen.

Schritt 5 / Den reduzierten Karottensaft mit dem Leinöl vermischen und mit dem Stabmixer aufschäumen.

Schritt 6 / Die Scampi mit dem Karottengemüse auf Tellern anrichten und mit dem Karottenöl und dem Schnittlauchschaum umgießen.

Mein Tipp Wenn Sie dieses Gericht gehaltvoller servieren möchten, dann reichen Sie am besten Nudeln dazu und verwenden das Karottenöl als Nudelsauce. Das Karottengemüse können Sie dann auch in die Sauce mischen.

- 70 g Walnüsse
- 250 g Knollensellerie
- 150 g säuerliche Äpfel (z.B. Boskop oder Granny Smith)
- 100 g Mayonnaise
- 50 g Joghurt
- 3 EL Sauerrahm
- 2 EL Zitronensaft
- 1 TL Zucker

- Meersalz
- schwarzer Pfeffer aus der Mühle
- etwas Rucola oder Kresse zum Garnieren

Selleriesalat
nach Waldorf-Art

Schritt 1 / Die Walnüsse im Backofen bei 180°C Ober-/Unterhitze nicht zu dunkel rösten, erkalten lassen und grob hacken.

Schritt 2 / Den Sellerie schälen und zuerst in feine Scheiben, dann in feine Streifen schneiden. Die Selleriestreifen in Salzwasser 30 Sekunden blanchieren und sofort kalt abschrecken.

Schritt 3 / Die Äpfel schälen und ebenfalls in feine Streifen schneiden und mit etwas Zitronensaft beträufeln.

Schritt 4 / Mayonnaise, Joghurt, Sauerrahm und restlichen Zitronensaft verrühren und mit Salz und Pfeffer kräftig abschmecken.

Schritt 5 / Den Zucker in einer beschichteten Pfanne karamellisieren lassen und 30 g der gehackten Walnüsse untermengen. Auf ein Backblech streichen, erkalten lassen und grob hacken.

Schritt 6 / Sellerie- und Apfelstreifen sowie die nicht karamellisierten Nüsse mit dem Dressing vermischen und mindestens 1 Stunde im Kühlschrank durchziehen lassen. Mit dem Rucola oder der Kresse und den karamellisierten Walnüssen bestreut servieren.

Mein Tipp Ein üppiger Salat, der immer gut gekühlt serviert werden sollte. Mit ein paar Scheiben Roastbeef oder gebratenen Garnelen wird er zu einer perfekten Vorspeise.

- 300 g Rote Rüben
- 2 TL Kümmel, ganz
- 1/2 TL Kümmel, gemahlen
- 3 EL Weißweinessig
- 6 EL Olivenöl
- 2 EL Kren, frisch gerieben
- 1 Prise Zucker

- Meersalz
- schwarzer Pfeffer aus der Mühle
- Krenfäden zur Dekoration

Rote-Rüben-Salat
mit Kren

Schritt 1 / Die Roten Rüben gut waschen und einzeln mit etwas Kümmel (ganz) und grobem Meersalz in Alufolie wickeln. Im Backofen bei 180°C Heißluft weich garen.

Schritt 2 / Die Rüben noch heiß schälen, überkühlen lassen und in feine Streifen schneiden.

Schritt 3 / Die Rüben mit den restlichen Zutaten vermischen, abschmecken und mindestens 1 Stunde durchziehen lassen. Mit einigen Krenfäden dekoriert servieren.

Mein Tipp Durch das Garen in Folie bleiben die Rüben besonders geschmacksintensiv. Man kann aber natürlich auch bereits vorgekochte Rüben für diesen Salat verwenden.

Selleriesalat nach Waldorf-Art und Rote-Rüben-Salat mit Kren

- 300 g Mairübchen, möglichst klein, mit Grün

Für das Dressing
- 150 g Joghurt
- 50 ml Schlagobers
- 1 TL Honig
- Schalenabrieb von 1 Limette
- 2 EL Limettensaft
- 2 EL Schnittlauch, fein geschnitten

- Meersalz
- schwarzer Pfeffer aus der Mühle

Rohkostsalat von Mairübchen
mit Joghurtdressing

Schritt 1 / Die Mairübchen waschen und putzen. Die Blätter aufheben. Größere Mairübchen zusätzlich schälen. Die Rübchen in möglichst feine Scheiben schneiden und leicht einsalzen. 10 Minuten ziehen lassen und trocken tupfen.

Schritt 2 / Für das Dressing alle Zutaten miteinander verrühren und mit Salz und Pfeffer abschmecken.

Schritt 3 / Die Mairübchen mit dem Dressing vermischen und mit den Rübchenblättern servieren.

Mein Tipp Am besten schmeckt dieser Rohkostsalat, wenn Sie ihn vor dem Servieren mindestens 1 Stunde durchziehen lassen. Dadurch lässt er sich auch perfekt für Buffets oder Grillpartys vorbereiten.

- 3 Kohlrabis
- 50 g Blauschimmelkäse
- 150 g Ziegenfrischkäse
- 100 g Sauerrahm
- 50 g Pinienkerne
- 100 g Vogerlsalat
- 1 Birne
- 2 EL Zitronensaft
- 4 EL weißer Balsamicoessig
- 4 EL Olivenöl

- Meersalz
- schwarzer Pfeffer aus der Mühle
- Olivenöl zum Verfeinern

Kohlrabi-Rohkost
mit Ziegenfrischkäsecreme und Pinienkernen

Schritt 1 / Die Kohlrabis schälen und in sehr feine Scheiben schneiden. Leicht einsalzen und kurz ziehen lassen.

Schritt 2 / Den Blauschimmelkäse durch ein Sieb pressen und mit dem Ziegenfrischkäse und dem Sauerrahm verrühren, pfeffern.

Schritt 3 / Die Pinienkerne in einer Pfanne ohne Fett hellbraun rösten.

Schritt 4 / Den Vogerlsalat waschen und verlesen. Die Birne schälen, entkernen und in feine Streifen schneiden, mit dem Zitronensaft beträufeln.

Schritt 5 / Aus Essig, Öl, Salz und Pfeffer eine Marinade herstellen. Den Vogerlsalat mit der Birne mischen und mit dem Dressing marinieren.

Schritt 6 / Die Kohlrabischeiben rund auf Tellern auflegen und den Vogerlsalat in die Mitte setzen. Je 3 Nocken Ziegenfrischkäsecreme ansetzen und mit den Pinienkernen bestreuen. Mit etwas Olivenöl beträufeln.

Mein Tipp Reichen Sie zu diesem Gericht am besten ein kräftiges Schwarzbrot, das mit etwas Olivenöl beträufelt im Backofen knusprig geröstet wurde.

- 12 junge Karotten mit Grün
- 2 Kohlrabis
- 2 Stangensellerie

Für den Schnittlauch-Dip
- 250 ml Sauerrahm
- 2 EL sehr gutes Olivenöl
- 1/4 TL Dijon-Senf
- 2 EL Schnittlauch, fein geschnitten
- 1 EL Weißweinessig

Für den Koriander-Dip
- 1/2 säuerlicher Apfel
- Saft von 1/2 Zitrone
- 100 g griechisches Joghurt
- 1/2 TL Kurkuma
- 1 Prise Chilipulver
- 1 EL Koriandergrün, fein geschnitten

- Meersalz
- schwarzer Pfeffer aus der Mühle

Crudité
mit zweierlei Dips

Schritt 1 / Die Karotten und Kohlrabis schälen und in etwa 7 cm lange und 5 mm starke Stifte schneiden. Vom Stangensellerie die Fäden abziehen und ebenfalls in Stifte schneiden. Die Gemüse mit feuchter Küchenrolle abgedeckt kalt stellen.

Schritt 2 / Für den Schnittlauch-Dip alle Zutaten verrühren, mit Salz und Pfeffer abschmecken.

Schritt 3 / Für den Koriander-Dip den Apfel schälen, entkernen und fein reiben. Sofort mit dem Saft der Zitrone vermengen. Dann alle Zutaten gründlich verrühren und mit Salz und Pfeffer abschmecken.

Schritt 4 / Die Gemüsesticks mit den Dips servieren.

Mein Tipp Crudité eignen sich wunderbar zum Aperitif bei einem großen Menü, da sie noch nicht satt machen und den Appetit anregen. Sie lassen sich auch gut vorbereiten. Wickeln Sie die fertigen Gemüsesticks einfach in einige Lagen nasse Küchenrolle oder ein feuchtes Geschirrtuch und bewahren Sie sie bis zum Servieren in einem geschlossenen Gefäß im Kühlschrank auf. So bleiben sie knackig und trocknen nicht aus.

Für die Roten Rüben
- 400 g Rote Rüben, möglichst klein
- 2 TL Kümmel, ganz
- 2 EL grobes Meersalz

Für die Apfelvinaigrette
- 1 säuerlicher Apfel
- Saft und Schale von 1 Zitrone
- 6 EL Haselnussöl
- 1 Msp. Kümmel, gemahlen
- 2 TL Kren, gerieben

- Meersalz
- schwarzer Pfeffer aus der Mühle
- Kren und Vogerlsalat zum Dekorieren

Carpaccio von Roten Rüben
mit Apfelvinaigrette und Kren

Schritt 1 / Die Roten Rüben gut waschen, einzeln mit etwas Kümmel und grobem Meersalz in Alufolie packen und im Backofen bei 180°C Ober-/Unterhitze weich schmoren. Je nach Größe kann das 1–2 Stunden dauern, deshalb unbedingt die **Nadelprobe** machen. Stechen Sie mit einem kleinen spitzen Messer oder einer Nadel in das Gemüse ein. Wenn das ohne viel Widerstand gelingt und die Nadel ohne Gegendruck wieder herausgleitet, dann ist es gar. Fällt das Einstechen schwer, müssen Sie die Garzeit noch verlängern.

Schritt 2 / Für die Vinaigrette den Apfel schälen, entkernen und in 3 mm große Würfel schneiden. Die Apfelwürfel sofort mit dem Zitronensaft marinieren. Haselnussöl, Kümmel und Kren untermischen und mit Salz und Pfeffer abschmecken.

Schritt 3 / Die gegarten Roten Rüben aus der Folie nehmen und unter fließendem kaltem Wasser schälen, auskühlen lassen.

Schritt 4 / Die Roten Rüben in möglichst dünne Scheiben schneiden und rund auf Tellern anrichten. Die Apfelvinaigrette darauf verteilen und etwas Vogerlsalat ansetzen. Von einer geschälten Krenwurze mit einem kleinen Messer dünne Fäden abziehen und die Roten Rüben damit dekorieren.

Mein Tipp Zu einer vollständigen Mahlzeit wird diese Vorspeise, wenn Sie entweder Ziegenfrischkäse oder Räucherforellenfilet dazu servieren.

Rote Rüben
mit gelierter Rindsuppe und Matjes

Für die Roten Rüben
- 3 Rote Rüben
- 2 TL Kümmel, ganz
- 2 EL grobes Meersalz
- 1 säuerlicher Apfel
- 1 EL Zitronensaft
- 2 EL Apfelessig
- 3 EL Distelöl oder Mohnöl
- 1 Prise Zucker

Für die gelierte Suppe
- 2 Blatt Gelatine
- 500 ml kräftige Rindsuppe

Für den Matjes
- 200 ml Sauerrahm
- 4 Matjesfilets in Öl

- Meersalz
- schwarzer Pfeffer aus der Mühle
- Schnittlauch zum Garnieren

Schritt 1 / Die Roten Rüben mit Kümmel und Meersalz in Alufolie im Backofen garen (Rezept Seite 46), schälen und erkalten lassen.

Schritt 2 / Den Apfel schälen und entkernen. Rote Rüben und Apfel in 5 mm große Würfel schneiden und sofort mit Zitronensaft, Essig und Öl verrühren. Mit Zucker, Salz und Pfeffer abschmecken.

Schritt 3 / Die Gelatine in kaltem Wasser einweichen und ausdrücken. Einen kleinen Teil der Rindsuppe erwärmen und die Gelatine darin auflösen. Die restliche Suppe zügig unterrühren und alles (am besten über Nacht) im Kühlschrank kalt stellen. Es gibt auch eine schnellere Alternative wie im Tipp beschrieben.

Schritt 4 / Den Sauerrahm mit Salz und Pfeffer mild abschmecken. Die Matjesfilets in Würfel schneiden.

Schritt 5 / Die Roten Rüben in tiefen Tellern anrichten und etwas von der gelierten Suppe in die Mitte setzen. Die Matjesfilets darauf verteilen und einen Löffel Sauerrahm ansetzen. Mit Schnittlauch garniert servieren.

Mein Tipp Wenn Sie die gelierte Suppe nicht am Vortag zubereiten können, gehen Sie am besten wie folgt vor: Stellen sie ein flaches Gefäß (am besten einen Bräter aus Metall) zu Beginn des Kochens in den Kühlschrank und gießen die Suppe dann nur fingerhoch ein. So geliert die Suppe sehr rasch und kann nach kurzer Zeit verwendet werden.

Gratin von Sellerie,
Haferwurzeln und Birne

Schritt 1 / Sellerie schälen und in 2 mm dicke Scheiben schneiden. Etwas Butter in einem Topf aufschäumen und den Sellerie darin mit einem Zweig Thymian und einem halben Zweig Rosmarin glasig anschwitzen. Mit etwas Hühnerbrühe ablöschen, salzen und pfeffern und bissfest garen. Beiseite stellen.

Schritt 2 / Die Haferwurzeln waschen, schälen, in 10 cm lange Stücke schneiden und wie den Sellerie garen. Ebenfalls beiseite stellen. Die Champignons putzen und in 5 mm dicke Scheiben schneiden. In einer Pfanne in etwas Butter goldbraun braten, salzen und pfeffern. Die Birnen schälen, entkernen und in sehr feine Scheiben hobeln. Diese sofort mit Zitronensaft marinieren.

Schritt 3 / Die Maroni in Scheiben schneiden und in etwas Butter anbraten. Mit dem Cognac ablöschen und reduzieren lassen. Wenig Hühnerbrühe angießen und nochmals durchkochen.

Schritt 4 / Die Bauchspeckscheiben ohne Fett von beiden Seiten goldbraun braten, aus der Pfanne nehmen (das Fett aufheben), auf Küchenrolle abtropfen lassen, in 2 cm breite Stücke schneiden und beiseite stellen.

Schritt 5 / Sellerie und Haferwurzeln aus dem Kochsud nehmen. Die Flüssigkeit von Sellerie, Haferwurzeln und Maroni zusammenleeren und das Bratfett vom Bauchspeck zufügen. Mit der restlichen Hühnerbrühe aufgießen und alles sämig einkochen lassen.

Schritt 6 / Die Radicchioblätter vereinzeln und den Strunk entfernen. In etwas Butter kurz anbraten, salzen und pfeffern.

Schritt 7 / Dotter mit Crème fraîche und Parmesan gut verrühren.

Schritt 8 / In vier tiefen Tellern die Radicchioblätter rund auflegen. Die Birnenscheiben darauf verteilen. Dann Sellerie, Haferwurzeln, Champignons und Maroni sowie den Bauchspeck darauf dekorativ anrichten. Je Teller einen Esslöffel der Dottermasse auf dem Obst und Gemüse verteilen und im Backofen bei 200°C Oberhitze ca. 10 Minuten gratinieren, bis eine schöne Bräunung entstanden ist.

Schritt 9 / Den Fond nochmals erwärmen, Rosmarin- und Thymianzweige entfernen und mit der restlichen Butter binden. Die Gratins damit umgießen und servieren.

- 200 g Knollensellerie
- 80 g Butter
- 2 Zweige Thymian
- 1 Zweig Rosmarin
- 200 ml Hühnerbrühe
- 200 g Haferwurzeln (oder Schwarzwurzeln)
- 5 braune Champignons
- 2 Birnen
- 2 EL Zitronensaft
- 70 g Maroni, gekocht
- 2 cl Cognac
- 6 Scheiben Bauchspeck, 2 mm dick
- 1 kleiner Kopf Radicchio
- 2 Dotter
- 100 g Crème fraîche
- 50 g Parmesan, frisch gerieben

- Meersalz
- schwarzer Pfeffer aus der Mühle

Mein Tipp Ein Gericht, bei dem Sie bei den Zutaten sehr stark variieren können. Alle herbstlichen Gemüse und Früchte passen gut. Sie können etwa auch Quitten oder Mangold verwenden, ebenso Pastinaken oder Steinpilze. Wenn Sie das Gericht als Hauptgang servieren möchten, können Sie zusätzlich in Scheiben geschnittene gebratene Erdäpfel einarbeiten. Falls Sie keine passende Auflaufform zur Hand haben, lässt sich ein Gratin übrigens auch in einer Torten-Springform backen. Das erleichtert obendrein das Portionieren.

- 500 g Erdäpfel, festkochend
- 350 g Knollensellerie
- 300 ml Schlagobers
- 2 EL Crème fraîche
- 1 Knoblauchzehe, fein geschnitten
- 1/4 TL Muskatnuss, frisch gerieben
- 1 EL Thymianblättchen, frisch gerebelt
- 100 g Brie
- 100 g Blauschimmelkäse

- Meersalz
- schwarzer Pfeffer aus der Mühle

Sellerie-Erdäpfel-Gratin

Schritt 1 / Erdäpfel und Knollensellerie schälen und in 2 mm dicke Scheiben schneiden.

Schritt 2 / Schlagobers und Crème fraîche mit Knoblauch, Muskat und Thymian aufkochen und mit Salz und Pfeffer kräftig würzen.

Schritt 3 / Erdäpfel und Sellerie in Lagen abwechselnd in eine feuerfeste Form schichten und mit der Schlagobersmischung übergießen. Das Gratin bei 180°C Ober-/Unterhitze im Backofen etwa 35 Minuten garen.

Schritt 4 / Die Käse in Scheiben schneiden und auf dem Gratin verteilen. Weitere 5 Minuten backen, bis die Käse zerlaufen und leicht bräunen.

Mein Tipp Wer es nicht vegetarisch möchte, kann in dieses Gratin auch Blutwurst einschichten. In diesem Fall lassen Sie den Käse weg und mischen zusätzlich 2 Esslöffel geriebenen Kren in die Schlagobersmischung.

- 100 g Pastinaken
- 100 g Erdäpfel, mehlig
- 1 Karotte
- 100 g Knollensellerie
- 50 g Lauch
- 100 g Zucchini
- 1 Schalotte, fein geschnitten
- 40 g Butter
- 200 g Shrimps, roh
- 1 EL Petersilie, geschnitten
- 1 EL Schnittlauch, geschnitten
- 2 Dotter

- 100 g Mehl
- 3 Eier
- 150 g Semmelbrösel
- Öl zum Ausbacken

- Meersalz
- schwarzer Pfeffer aus der Mühle

Gebackene Wurzelgemüsepralinen
mit Shrimps

Schritt 1 / Die Pastinaken und Erdäpfel schälen, in Stücke schneiden und über Dampf garen.

Schritt 2 / Karotte und Knollensellerie schälen und in 3 mm große Würfel schneiden. Lauch und Zucchini ebenfalls würfeln.

Schritt 3 / Die Gemüse gemeinsam mit der Schalotte in heißer Butter glasig anschwitzen, mit Salz und Pfeffer würzen.

Schritt 4 / Die Shrimps ebenfalls in Würfel schneiden.

Schritt 5 / Pastinaken und Erdäpfel noch heiß mit einer Gabel zerdrücken und mit allen anderen Zutaten mischen. Mit Salz und Pfeffer abschmecken.

Schritt 6 / Aus der Masse kleine Bällchen formen und diese in Mehl, Ei und Semmelbröseln panieren. In einem Topf im heißen Öl goldbraun ausbacken, auf Küchenpapier abtropfen lassen und servieren.

Mein Tipp Ein Rezept, das Ihrer Fantasie viel Spielraum lässt. Sie können bei den Gemüsen variieren und die Shrimps etwa durch Hühnerbrust ersetzen. Wer es vegetarisch bevorzugt, lässt Fleisch oder Shrimps gänzlich weg.

Fenchel-Orangen-Risotto

- 2 Fenchelknollen
- 1 l Hühnerbrühe
- 6 EL Olivenöl
- 2 Schalotten, fein gewürfelt
- 250 g Risotto-Reis
- 100 ml Weißwein
- Saft und abgeriebene Schale von 1 Orange
- 5 Korianderkörner, fein gemörsert
- 50 g Parmesan, frisch gerieben
- 40 g Butter
- 80 g Ziegenfrischkäse

- Meersalz
- schwarzer Pfeffer aus der Mühle

Schritt 1 / Den Fenchel waschen, das Fenchelgrün abschneiden und beiseite stellen. Die Knollen halbieren, den Strunk entfernen und die Blätter vereinzeln. Die äußeren dicken Fenchelblätter mit einem Sparschäler dünn schälen. Die Fenchelblätter in feine Würfel schneiden.

Schritt 2 / Die Hühnerbrühe aufkochen. In einem Topf die Hälfte des Olivenöls erhitzen und die Schalotten sowie die Hälfte der Fenchelwürfel darin glasig anschwitzen. Den Reis zugeben und kurz mitrösten. Mit Salz und Pfeffer würzen und mit dem Weißwein ablöschen. Den Weißwein vollständig reduzieren lassen und die Orangenschale zugeben. Nach und nach mit Hühnerbrühe aufgießen und den Risotto etwa 15–20 Minuten lang unter ständigem Rühren bissfest kochen.

Schritt 3 / Das restliche Olivenöl in einer Pfanne erhitzen und die restlichen Fenchelwürfel darin anbraten. Die Korianderkörner zugeben, mit Salz und Pfeffer würzen und mit dem Orangensaft ablöschen. Den Fenchel darin auf kleiner Flamme bissfest dünsten.

Schritt 4 / Den Risotto vom Herd nehmen und Butter und Parmesan einrühren. Mit Salz und Pfeffer abschmecken und bei Bedarf so viel Hühnerbrühe zugeben, dass der Risotto eine cremige, leicht flüssige Konsistenz hat.

Schritt 5 / Den Risotto in vorgewärmten Tellern anrichten und das Fenchelgemüse ansetzen. Den Ziegenfrischkäse in Stücke brechen und mit dem klein geschnittenen Fenchelgrün auf dem Risotto verteilen.

Mein Tipp Fenchel, Orangen und Koriander sind eine perfekte klassische Kombination, die eine Aromenexplosion am Gaumen garantiert. Die drei passen gemeinsam auch wunderbar zu gebratenem Fisch (vor allem Lachs) oder zu Jakobsmuscheln. Beides können Sie auch zu diesem Risotto servieren - lassen Sie dann aber den Ziegenfrischkäse weg.

Kraut und Rüben

Schritt 1 / Ausreichend kräftig gesalzenes Wasser zum Kochen bringen, den ganzen Kümmel, die Knoblauchzehen und die Lorbeerblätter zugeben und die Roten Rüben sowie die Chioggia-Rüben darin weich kochen (das dauert ca. 40 Minuten, unbedingt die Nadelprobe machen → Rezept Seite 46). Abseihen und schälen. Eine der Roten Rüben in grobe Stücke schneiden und mit etwas Butter mit dem Stabmixer fein pürieren. Mit Salz, Pfeffer, gemahlenem Kümmel, Zucker, Essig und dem Kren abschmecken. Die restlichen Rüben in mundgerechte Stücke schneiden, separat beiseite stellen.

Schritt 2 / Den Wirsing vierteln, die äußeren Blätter und den Strunk entfernen und die Kohlblätter in mundgerechte Stücke schneiden. Den Rettich und die Erdäpfel schälen und in Würfel schneiden.

Schritt 3 / In einem Topf die Hälfte der Butter aufschäumen und Rettich und Erdäpfel darin glasig anschwitzen, salzen und pfeffern. Nach und nach mit etwas Wasser aufgießen und so bissfest dünsten.

Schritt 4 / Den Wirsing in Salzwasser bissfest blanchieren. In der restlichen Butter mit den Schalotten anbraten, salzen und pfeffern. Das Schlagobers angießen und den Wirsing darin weich kochen.

Schritt 5 / Die Roten Rüben in dem Rübenpüree erwärmen. Die Chioggia-Rüben mit Rettich und Erdäpfeln nochmals erwärmen.

Schritt 6 / Den Wirsing auf Tellern verteilen und Rüben, Rettich und Erdäpfel darauf dekorativ anrichten.

Mein Tipp Die Chioggia-Rübe ist zu einem kleinen Star unter den Rüben geworden. Sie verdankt dies ihrem milderen (weniger dumpfen) Geschmack und der hübschen rot-weißen Maserung ihres Fruchtfleisches. Diese Maserung geht beim Kochen verloren und die Rübe wird durchgehend lachsfarben. Allerdings kann die Chioggia-Rübe auch roh genossen werden. Besonders dekorativ ist es dann, wenn sie als Carpaccio in feine Scheiben geschnitten wird.

Für die Rüben
- 3 kleine Rote Rüben
- 2 kleine Chioggia-Rüben
- 1 EL Kümmel, ganz
- 2 Knoblauchzehen
- 2 Lorbeerblätter
- 1 Msp. Kümmel, gemahlen
- 1 Prise Zucker
- 1 Spritzer Weißweinessig
- 1 EL frischer Kren, fein gerieben

Für das Kraut
- 1 kleiner Kopf Wirsing
- 300 g weißer Rettich
- 2 Erdäpfel, festkochend
- 80 g Butter
- 2 Schalotten, in Streifen geschnitten
- 200 ml Schlagobers
- 2 Zweige Thymian

- Meersalz
- schwarzer Pfeffer aus der Mühle

- 200 g Süßkartoffeln
- 100 g Lauch
- 20 g Butter
- 150 g Topfen 20%, ausgedrückt
- 2 Eier
- 2 Dotter
- 110 g Mehl
- 50 g Maizena
- Muskatnuss, frisch gerieben
- 2 EL Butter zum Braten

- Meersalz
- schwarzer Pfeffer aus der Mühle

Süßkartoffel-Pizzokel

Schritt 1 / Die Süßkartoffeln schälen, in grobe Stücke schneiden und in Salzwasser weich kochen. Süßkartoffeln sind schneller gar als Erdäpfel, brauchen je nach Größe der Stück ca. 5–8 Minuten. Am besten einfach zwischendurch probieren. Dann abgießen und ausdämpfen lassen.

Schritt 2 / Den Lauch feinwürfelig schneiden und in der Butter glasig braten. Mit Salz und Pfeffer würzen.

Schritt 3 / Die Süßkartoffeln durch eine Kartoffelpresse drücken und mit dem Lauch vermengen.

Schritt 4 / Topfen, Eier und Dotter gut verrühren und die Gemüsemischung sowie Mehl und Maizena einarbeiten. Mit Salz, Pfeffer und Muskat kräftig abschmecken.

Schritt 5 / Mit einem Löffel Nocken vom Teig abstechen und diese in schwach kochendem Salzwasser gar ziehen lassen. Abgießen und noch heiß in der Butter goldbraun braten.

Mein Tipp Der Topfen muss für dieses Rezept sehr gut ausgedrückt sein, um möglichst wenig Flüssigkeit zu enthalten. Am besten lassen Sie ihn über Nacht im Kühlschrank in ein Küchentuch geschlagen in einem Sieb abtropfen. Allerdings darf der Teig leicht flüssig sein, ähnlich wie für Spätzle.

Samtig & cremig
Suppen

Topinambursuppe
mit Leberpaté-Schnitten

Für die Suppe
- 500 g Topinambur
- 1 kleine Zwiebel, fein geschnitten
- 3 EL Olivenöl
- 1/4 l Weißwein
- 1/2 l Gemüsebrühe
- 1/4 l Schlagobers
- 1 Prise Zucker

Für die Leberpaté-Schnitten
- 100 g Leberpaté
- 1 TL Preiselbeermarmelade
- 4 Scheiben Brioche
- 30 g Butter

- Meersalz
- schwarzer Pfeffer aus der Mühle

Schritt 1 / Die Topinamburknollen schälen und in Würfel schneiden. Die Zwiebel in einem Topf im Olivenöl glasig anschwitzen, Topinambur zugeben, salzen und einige Minuten mitdünsten. Dann mit dem Weißwein ablöschen und diesen leicht reduzieren lassen.

Schritt 2 / Mit Gemüsebrühe und Schlagobers auffüllen und etwa 20 Minuten köcheln lassen. Wenn die Topinambur weich sind, die Suppe mit dem Stabmixer pürieren und durch ein Sieb streichen. Mit Salz und Zucker abschmecken.

Schritt 3 / Die Leberpaté in eine Schüssel geben und mit den Preiselbeeren gut verrühren. Die Briochescheiben entrinden und 8 etwa 4 cm große Quadrate daraus schneiden. 4 Quadrate mit Leberpaté bestreichen und die restlichen Briochescheiben darauf setzen.

Schritt 4 / Die Butter in einer beschichteten Pfanne aufschäumen und die Brioche-Schnitten darin von beiden Seiten goldbraun ausbacken.

Schritt 5 / Die Suppe nochmals aufkochen, abschmecken und mit dem Stabmixer aufschäumen. Mit den Leberpaté-Schnitten servieren.

Mein Tipp Topinambur wird in unseren Küchen zu Unrecht selten genutzt. Mit seinem feinen nussigen Aroma eignet er sich bestens für cremige Suppen und Pürees. Topinambur kann übrigens auch roh genossen werden und schmeckt, fein gehobelt mit etwas Haselnussöl und Salz verfeinert, überaus köstlich.

- 1 Knollensellerie (geschält ungefähr 700 g)
- 1 Erdapfel
- 1 Zwiebel, fein gewürfelt
- 160 g Butter
- 1 l Wasser
- 6 Pimentkörner
- 5 schwarze Pfefferkörner
- 4 Stängel Petersilie
- 2 Zweige Thymian
- 1 Lorbeerblatt
- 200 ml Schlagobers
- Mark von 1/2 Vanilleschote

- Meersalz

Selleriecremesuppe

Schritt 1 / Sellerie und Erdapfel schälen und in 1 cm große Würfel schneiden. Gemeinsam mit der Zwiebel in der Hälfte der Butter glasig anschwitzen. Mit 1 l Wasser ablöschen. Alle Gewürzkörner und Kräuter in ein Leinensäckchen binden und zu dem Suppenansatz geben.

Schritt 2 / Die Suppe salzen und etwa 40 Minuten lang zugedeckt bei mittlerer Hitze köcheln lassen, bis die Gemüse sehr weich sind.

Schritt 3 / Das Gewürz-Säckchen entfernen und die Gemüse abseihen. Den Fond aufbewahren.

Schritt 4 / Die restliche Butter in einem Topf aufschäumen lassen und die Gemüse darin mit dem Vanillemark anschwitzen. Mit Schlagobers ablöschen und mit dem Mixstab fein pürieren. So viel Kochsud zugießen, dass die Suppe eine leicht sämige Konsistenz hat. Abschmecken und servieren.

Mein Tipp Eine edle Suppe, die Sie für besondere Anlässe noch verfeinern können, indem Sie gebratenen Hummer als Einlage servieren. Sellerie, Hummer und Vanille harmonieren perfekt. Es muss allerdings unbedingt frische Vanille verwendet werden!

- 500 g Karotten
- 1 kleiner Erdapfel
- 2 Schalotten, fein gewürfelt
- 40 g Ingwer, geschält und fein gehackt
- 20 g Butter
- 500 ml Gemüsebrühe
- 500 ml Kokosmilch
- Saft von 1 Limette

- Meersalz
- schwarzer Pfeffer aus der Mühle

Karottensuppe
mit Ingwer

Schritt 1 / Karotten und Erdapfel schälen und in kleine Stücke schneiden.

Schritt 2 / Schalotten, Karotten, Erdapfel und Ingwer in der Butter farblos anschwitzen, mit der Gemüsebrühe aufgießen und aufkochen lassen. Die Kokosmilch zugießen und die Gemüse köcheln lassen, bis sie weich sind.

Schritt 3 / Die Suppe vom Herd nehmen und mit dem Stabmixer fein pürieren. Mit Salz, Pfeffer und Zitronensaft abschmecken und servieren.

Mein Tipp Karotten vertragen durch ihre natürliche Süße und den eher „flachen" Geschmack viel Würze. Wer möchte, kann diese Karottensuppe zusätzlich mit etwas Curry und Chili abschmecken. Diese Gewürze sollten allerdings schon beim Kochen der Karotten zugegeben werden.

Borschtsch

Schritt 1 / In einem großen Topf etwa 3 Liter Wasser bis knapp vor dem Siedepunkt erhitzen und das Rindfleisch samt Knochen einlegen. Aufkochen lassen und die Hitze reduzieren, sodass das Fleisch leicht köchelt. Schaum von der Oberfläche beständig abschöpfen. Die Roten Rüben schälen und im Ganzen zufügen. Das Ganze salzen und ca. 1,5 Stunden ohne Deckel leicht köcheln lassen.

Schritt 2 / In der Zwischenzeit Karotten, Petersilwurzel, Erdäpfel und Zwiebel schälen und in Scheiben oder Streifen schneiden. Die Erdäpfel in kaltes Wasser einlegen. Das Weißkraut ebenfalls in Streifen schneiden. Die Tomaten im Rindfleischsud kurz blanchieren, schälen, entkernen und das Fruchtfleisch in Würfel schneiden. Den Lauch waschen und in feine Scheiben schneiden.

Schritt 3 / Dem Rindfleischsud Lorbeerblätter, Pfefferkörner und Wacholderbeeren zufügen.

Schritt 4 / Das Öl in einer Pfanne erhitzen und darin Zwiebel, Knoblauch, Lauch, Karotten und Petersilwurzel ohne Farbe bissfest dünsten, mit Salz und Pfeffer würzen.

Schritt 5 / Die angebratenen Gemüse, die Erdäpfel, Tomaten und das Weißkraut zum Fleisch geben und eine weitere Stunde köcheln lassen. Dann die Roten Rüben herausnehmen, grob reiben und mit Saft und Schale der Zitrone vermischen.

Schritt 6 / Rindfleisch und Knochen aus dem Topf heben, das Rindfleisch in mundgerechte Stücke zerteilen.

Schritt 7 / Rindfleisch und Rote Rüben wieder der Suppe zufügen, gut durchrühren und abschmecken.

Schritt 8 / Den Topf vom Herd nehmen und zugedeckt leicht überkühlen lassen. Nochmals abschmecken und mit dem Sauerrahm garniert servieren.

Mein Tipp Für das ukrainische Nationalgericht Borschtsch gibt es ungefähr 100 Rezepte. Manche kommen ohne Fleisch aus, keines aber ohne Kraut und Rüben. Die Zubereitung ist recht aufwendig, aber die Mühe lohnt sich. Und man kann ruhig eine größere Menge herstellen. Denn wie Gulasch schmeckt Borschtsch am zweiten Tag noch besser als am ersten.

- 1 kg Rindfleisch mit Markknochen
- 2 Rote Rüben

- 2 Karotten
- 1 Petersilwurzel
- 3 mittlere Erdäpfel
- 1 große Zwiebel
- 1/4 Kopf Weißkraut
- 3 Tomaten
- 1/4 Stange Lauch
- 3 Lorbeerblätter
- 10 Pfefferkörner
- 3 Wacholderbeeren
- 4 EL Öl
- 2 Knoblauchzehen, fein geschnitten
- Saft und Schale von 1 Zitrone
- 150 g Sauerrahm

- Meersalz
- schwarzer Pfeffer aus der Mühle

- 300 g Radieschen
- 1 kleine Zwiebel, fein gewürfelt
- 40 g Butter
- 1 Prise Zucker
- 600 ml Gemüsebrühe
- 200 ml Buttermilch
- 100 ml Schlagobers
- 1 TL Zitronensaft
- 1 Becher Kresse

- Meersalz
- schwarzer Pfeffer aus der Mühle

Radieschensuppe
mit Buttermilch und Kresse

Schritt 1 / Die Radieschen waschen, putzen und in Scheiben schneiden. Einen Teil (ca. 2 EL) der Scheiben in hauchfeine Streifen zur Dekoration schneiden und beiseite stellen.

Schritt 2 / Die Zwiebel in der Butter anschwitzen und mit einer Prise Zucker leicht karamellisieren lassen. Mit der Gemüsebrühe aufgießen und 15 Minuten nicht zugedeckt köcheln lassen.

Schritt 3 / Die Radieschenscheiben zufügen und mit Buttermilch und Schlagobers aufgießen. Alles nochmal erhitzen und mit dem Stabmixer fein pürieren. Mit Salz, Pfeffer und Zitronensaft abschmecken.

Schritt 4 / Die Suppe mit den Radieschenstreifen und der Kresse bestreut servieren.

Mein Tipp Diese wunderbar frühlingshafte Suppe können Sie auch kalt servieren!

- 300 g Kohlrabi mit Blättern
- 100 g Erdäpfel
- 1 kleine Zwiebel, fein gewürfelt
- 40 g Butter
- 500 ml Gemüsebrühe
- 1 Msp. Muskatnuss, frisch gerieben
- 100 ml Schlagobers
- 1 TL Zitronensaft

- Meersalz
- schwarzer Pfeffer aus der Mühle

Kohlrabi-Erdäpfel-Suppe

Schritt 1 / Kohlrabi und Erdäpfel schälen. Vom Kohlrabi 4 EL in feine Streifen schneiden. Den Rest sowie die Erdäpfel in Würfel schneiden. Die Kohlrabiblätter gut waschen und in feine Streifen schneiden.

Schritt 2 / Die Kohlrabistreifen in etwas Gemüsebrühe weich dünsten, abseihen und beiseite stellen.

Schritt 3 / Die Zwiebel in der Butter glasig dünsten, Kohlrabi und Erdäpfel zugeben und mit der restlichen Gemüsebrühe auffüllen. Mit Salz, etwas Pfeffer und Muskatnuss würzen und das Gemüse bei mittlerer Hitze nicht zugedeckt sehr weich kochen lassen.

Schritt 4 / Die Suppe mit dem Stabmixer fein pürieren, das Schlagobers untermischen und nochmals aufkochen lassen.

Schritt 5 / Die Suppe mit Salz und Zitronensaft abschmecken und mit den Kohlrabistreifen als Einlage und den Kohlrabiblättern als Dekoration servieren.

Mein Tipp Gemüsecremesuppen haben den Vorteil, dass sie rasch gemacht sind und auch gut als vollwertige Hauptspeise dienen können. Wer die Suppe vegan halten möchte, ersetzt die Butter durch Olivenöl und das Schlagobers durch ein vergleichbares Soja-Produkt. Kokosmilch sollten Sie hier eher nicht verwenden, da sie den feinen Kohlrabi- Geschmack übertüncht.

Rote-Rüben-Essenz
mit Sellerieravioli

Schritt 1 / Für den Nudelteig alle Zutaten gut miteinander zu einem geschmeidigen Teig verkneten. Mit Klarsichtfolie bedeckt mindestens 1 Stunde im Kühlschrank rasten lassen.

Schritt 2 / Für die Rüben-Essenz, die Roten Rüben waschen und schälen. Eine Rote Rübe in feine Streifen schneiden und diese beiseite stellen. Den Rest würfeln. Von der Orange 3 Streifen Schale dünn abschneiden. Die restliche Schale abreiben und den Saft auspressen, beides beiseite stellen (wird für die Ravioli-Fülle gebraucht.)

Schritt 3 / Die Rübenwürfel mit den Orangenschalen-Streifen und den Gewürzen im Kalbsfond aufkochen und bei geringer Hitze 30 bis 40 Minuten köcheln lassen. Die Flüssigkeit einen Topf seihen und mit Salz abschmecken. Rübenwürfel aufheben (siehe Tipp).

Schritt 4 / Für die Ravioli-Fülle den Sellerie schälen und in Würfel schneiden. Milch, Gemüsebrühe und Orangensaft aufkochen, die geriebene Orangenschale zugeben und salzen und pfeffern. Den Sellerie darin sehr weich kochen. Die Butter zugeben und mit dem Stabmixer fein pürieren. Mit Salz und Pfeffer abschmecken.

Schritt 5 / Den Nudelteig auf einer bemehlten Arbeitsfläche (oder mit einer Nudelmaschine) zu dünnen Bahnen ausrollen und mit Eiweiß bestreichen. Auf der unteren Hälfte jeder Bahn im Abstand von ca. 6 cm je einen Teelöffel Fülle aufsetzen. Die obere Hälfte überklappen und den Teig rund um die Fülle gut andrücken. Mit einem Ausstecher (oder einem Glas) Ravioli ausstechen.

Schritt 6 / Die Rüben-Essenz nochmals aufkochen und die Rübenstreifen darin etwa 5 Minuten bissfest kochen. Die Ravioli in ausreichend Salzwasser kochen und abseihen.

Schritt 7 / Die Rüben-Essenz in tiefen Tellern anrichten und mit den Ravioli als Einlage servieren.

Mein Tipp Die Roten Rübenwürfel, die für die Essenz gekocht wurden, bitte nicht wegwerfen! Daraus lässt sich ein wunderbarer Salat – allerdings nicht für Vegetarier – herstellen. Wer mag, kann die Suppe aber auch vegetarisch halten. In dem Fall einfach Gemüsebrühe anstelle des Kalbsfonds verwenden!

Für den Nudelteig
- 250 g Mehl, griffig
- 6 Dotter
- 1 Ei
- 1 TL Olivenöl

- Mehl zum Ausrollen des Nudelteigs
- Eiweiß zum Bestreichen des Nudelteigs

Für die Rüben-Essenz
- 750 g Rote Rüben
- 1 Bio-Orange
- 1 l Kalbsfond
- 4 Pimentkörner
- 1 Lorbeerblatt
- 3 Wacholderbeeren

Für die Fülle
- 200 g Knollensellerie
- 100 ml Milch
- 100 ml Gemüsebrühe
- 40 g Butter

- Meersalz
- schwarzer Pfeffer aus der Mühle

- 400 g Schwarzwurzeln
- Saft von 1 Zitrone
- 20 g Butter
- 1 kleine weiße Zwiebel, fein geschnitten
- 1 Prise Zucker
- 50 ml Weißwein
- 100 ml Milch
- 250 ml Gemüsebrühe
- 100 ml Schlagobers, halbfest geschlagen
- 1 Msp. Muskatnuss, gerieben
- 1 Prise Cayennepfeffer
- 1 EL Schnittlauchröllchen

- Meersalz
- schwarzer Pfeffer aus der Mühle

Schwarzwurzelcremesuppe

Schritt 1 / Die Schwarzwurzeln gründlich waschen, schälen, in 3 cm lange Stücke schneiden und in Zitronenwasser einlegen.

Schritt 2 / Die Butter in einem Topf aufschäumen lassen, die Zwiebel darin glasig andünsten und die abgetropften Schwarzwurzeln zugeben, mit Salz und Pfeffer würzen und mitdünsten lassen, bis alles Wasser verdampft ist.

Schritt 3 / Den Zucker untermengen und mit dem Weißwein ablöschen. Milch und Gemüsebrühe angießen und die Schwarzwurzeln darin weich kochen. Die Suppe mit dem Stabmixer pürieren und mit Salz, Muskat und Cayennepfeffer abschmecken.

Schritt 4 / Die Suppe vom Herd nehmen, das Schlagobers unterheben und mit Kresse bestreut servieren.

Mein Tipp Wenn Sie die Suppe etwas dickflüssiger halten und zusätzlich mit etwas Zitronensaft würzen, passt sie als Sauce hervorragend zu gebratenem Fisch oder Schweinefilet.

Zwiebelsamtsuppe
mit gebratenem Karpfen

Schritt 1 / Die Zwiebeln schälen und in feine Streifen schneiden. Die Hälfte der Butter in einem Topf aufschäumen lassen und die Zwiebeln darin ohne Farbe glasig anschwitzen. Zucker zugeben und leicht karamellisieren lassen.

Schritt 2 / Das Mehl einstäuben und kurz durchrösten. Mit dem Sherry ablöschen und diesen vollständig reduzieren lassen. Weißwein und Gemüsebrühe zugießen, das Lorbeerblatt zugeben und die Suppe bei mittlerer Hitze etwa 20 Minuten köcheln lassen.

Schritt 3 / Das Karpfenfilet säubern und in 4 gleiche Stücke teilen. Jedes Stück salzen und leicht pfeffern und auf einer Seite mit Senf bestreichen. Die Petersilie darauf verteilen

Schritt 4 / Das Toastbrot entrinden und in kleinen Würfel schneiden. Den Karpfen auf der Senfseite mit Toastbrotwürfeln „panieren" und auf dieser Seite im Pflanzenöl bei geringer Hitze glasig braten.

Schritt 5 / Das Lorbeerblatt entfernen und die Suppe mit dem Stabmixer sehr fein pürieren. Mit Salz und Pfeffer abschmecken, das Schlagobers unterrühren und kurz aufkochen.

Schritt 6 / Die restliche Butter beigeben und die Suppe mit dem Stabmixer aufschäumen. In heißen Tellern mit je einem Stück krossem Karpfen servieren.

Mein Tipp Verwenden Sie für diese Suppe unbedingt weiße Gemüsezwiebel. Sie sind weitaus milder im Geschmack. Wer die Suppe noch zusätzlich etwas abrunden möchte, kann auch einen kleinen Erdapfel oder ein Stück Knollensellerie einarbeiten - einfach klein gewürfelt mit den Zwiebeln mitkochen.

Für die Suppe
- 3 große weiße Zwiebeln
- 80 g Butter
- 1 Prise Zucker
- 1 EL Mehl
- 40 ml Sherry, trocken
- 1/4 l Weißwein
- 1/2 l Gemüsebrühe
- 1 Lorbeerblatt
- 100 ml Schlagobers

Für den Karpfen
- 200 g Karpfenfilet, ohne Haut
- 1/2 TL süßer Senf
- 1 TL Petersilie, fein geschnitten
- 1 Scheibe Toastbrot
- 4 EL Pflanzenöl

- Meersalz
- schwarzer Pfeffer aus der Mühle

Sauerrahmsuppe
mit Variation von Roten Rüben

Schritt 1 / Für die Suppe das Wasser mit dem Kümmel und der Knoblauchzehe zum Kochen bringen und etwa 20 Minuten leicht köcheln lassen. Dann abseihen und beiseite stellen.

Schritt 2 / Für die marinierten Roten Rüben die Rüben schälen und in 3 mm große Würfel schneiden. Abschnitte aufheben für das Rübenpüree. Die Würfel mit allen anderen Zutaten vermengen und mit Salz und Pfeffer abschmecken.

Schritt 3 / Für das Rübenpüree die Roten Rüben schälen und grob in Stücke schneiden. Gemeinsam mit den Abschnitten und etwas vom vorbereiteten Suppenfond in einem Topf erwärmen und mit Salz, Pfeffer und Kümmel würzen. Das Olivenöl und die Butter zugeben und die Rüben mit dem Stabmixer fein pürieren, warm stellen.

Schritt 4 / Für die Rübenchips die Rote Rübe schälen und in sehr feine Scheiben schneiden oder am besten mit dem Gemüsehobel hobeln. Diese in einem Topf im heißen Pflanzenöl knusprig frittieren. Auf Küchenrolle abtropfen lassen und leicht salzen.

Schritt 5 / Den Suppenfond nochmals aufkochen. Das Schlagobers mit dem Maizena verrühren und in die Suppe einrühren, 5 Minuten schwach köcheln lassen. Den Sauerrahm in die Suppe einrühren und mit Salz, Pfeffer und Essig abschmecken.

Schritt 6 / Die Suppe mit dem Stabmixer aufschäumen und in Tellern anrichten. Die marinierten Roten Rüben darin verteilen. Das Rübenpüree auf den Chips anrichten und dazu servieren.

Mein Tipp Als weitere Suppeneinlage eignen sich Schwarzbrot-Croûton. Dazu einfach eine Scheibe würziges Schwarzbrot in Würfel schneiden und mit etwas frischem Thymian in reichlich Butter goldbraun ausbacken.

Für die Suppe
- 1 l Wasser
- 3 EL Kümmel, ganz
- 1 Knoblauchzehe
- 50 ml Schlagobers
- 20 g Maizena
- 250 ml Sauerrahm
- 6 EL Weißweinessig

Für die marinierten Roten Rüben
- 150 g Rote Rüben, gekocht
- 1 TL Kren, frisch gerieben
- 2 EL Weißweinessig
- 4 EL Haselnussöl
- 1 Msp. Kümmel, gemahlen

Für die Rübenchips
- 1 kleine Rote Rübe, roh
- 200 ml Pflanzenöl zum Frittieren

Für das Rübenpüree
- 100 g Rote Rüben, gekocht
- 1 Msp. Kümmel, gemahlen
- 2 EL Olivenöl
- 20 g Butter

- Meersalz
- schwarzer Pfeffer aus der Mühle

Radice · Raíz · Wurzel · Radix · Root · Racine · Radice · Raíz · Wurzel · Radix · Root · Racine ·

Wurzelwerke
Hauptgerichte

- 1 kg Schweinsschopf, im Ganzen
- 2 EL Weißweinessig
- 2 Lorbeerblätter
- 10 schwarze Pfefferkörner
- 2 Knoblauchzehen, angedrückt
- 2 Karotten
- 2 gelbe Rüben
- 150 g Knollensellerie
- 1/2 Stange Lauch
- 4 EL Kren, frisch gerieben
- 2 EL Schnittlauch, fein geschnitten

- Meersalz

Steirisches Wurzelfleisch
mit Kren

Schritt 1 / Einen großen Topf mit Wasser zum Kochen bringen und das Schweinefleisch darin einlegen (es sollte komplett mit Wasser bedeckt sein, aber nicht mehr). Den Essig, die Gewürze und die Knoblauchzehen zugeben, die Hitze reduzieren und das Fleisch 90 Minuten leicht köcheln lassen.

Schritt 2 / In der Zwischenzeit Karotten, gelbe Rüben und Knollensellerie schälen und in feine Streifen schneiden. Den Lauch waschen und in Scheiben schneiden.

Schritt 3 / Kurz vor Ende der Garzeit die Gemüse zum Fleisch geben, salzen und ca. 10 Minuten weiterköcheln lassen, bis die Gemüse weich sind.

Schritt 4 / Das Fleisch aus dem Topf nehmen, in Scheiben schneiden und auf Tellern anrichten. Den Suppenfond abschmecken und je einen Schöpfer Gemüse und Fond über das Fleisch gießen. Einen Esslöffel Kren auf das Fleisch setzen und mit Schnittlauch bestreut servieren.

Mein Tipp Klassisch wird dieses Gericht mit in Würfel geschnittenem Fleisch zubereitet. Wenn Sie das Fleisch im Ganzen lassen, erhöht sich zwar die Kochzeit, das Fleisch bleibt aber saftiger. Wahre Gourmets ersetzen einen Teil des Schweinsschopfs mit Bauchfleisch. Sein höherer Fettanteil und die Schwarte geben dem Gericht Kraft und zusätzlichen Geschmack.

Gekochtes Rindfleisch
mit Wurzelgemüse und Semmelkren

Schritt 1 / Fleisch und Knochen warm waschen. In einem großen Topf Wasser zum Kochen bringen und Fleisch und Knochen sowie Pfefferkörner und Lorbeerblätter einlegen. Das Fleisch schwach wallend etwa 1 Stunde kochen.

Schritt 2 / In der Zwischenzeit das Wurzelgemüse schälen und in grobe Stücke schneiden. Den Lauch ebenfalls grob schneiden. Die Zwiebel in der Schale halbieren und in einer Pfanne auf der Schnittfläche sehr dunkel, fast schwarz, braten.

Schritt 3 / Wurzelwerk, Zwiebel und Liebstöckel zum Fleisch geben und eine weitere Stunde köcheln lassen. Dabei den Schaum immer von der Oberfläche abschöpfen.

Schritt 4 / Für den Semmelkren die Semmeln in Würfel schneiden und in Rindsuppe (kann aus dem Rindfleisch-Topf genommen werden) und Schlagobers aufkochen. Mit Salz und Pfeffer würzen und ein paar Minuten köcheln lassen. Dabei mit einem Schneebesen gut durchrühren, bis eine sämige Masse entstanden ist. Kurz vor dem Servieren den Kren einrühren.

Schritt 5 / Das Fleisch aus der Suppe nehmen. Suppe mit Salz würzen und durch ein feines Sieb seihen.

Schritt 6 / Das Fleisch in fingerdicke Scheiben schneiden, mit dem Wurzelgemüse belegen und mit etwas Suppe aufgießen. Mit Schnittlauch bestreut und mit Semmelkren servieren.

Mein Tipp Ein Klassiker der Alt-Wiener-Küche, zu dem als Beilagen gern noch Bratkartoffeln oder Erdäpfelschmarren, Cremespinat, Kochsalat mit Erbsen oder Schnittlauchsauce gereicht werden. Kenner verfeinern das Tellerfleisch mit einer Scheibe Rindermark, die kurz in der heißen Suppe erwärmt wurde. Wer den Semmelkren noch etwas molliger haben möchte, kann vor dem Servieren einen Eidotter in die noch heiße Masse einrühren. Den Semmelkren dann nicht mehr aufkochen, weil sonst der Dotter gerinnt.

Für das Rindfleisch
- 1 kg Siedefleisch vom Rind (je nach persönlichem Geschmack etwa Tafelspitz, Kruspelspitz, Kavaliersspitz oder Schulterscherzel)
- 400 g Rinderknochen
- 10 schwarze Pfefferkörner
- 2 Lorbeerblätter

Für das Gemüse
- 300 g Wurzelgemüse (Knollensellerie, Karotten, Petersilwurzeln, gelbe Rüben)
- 1/2 Stange Lauch
- 1 Zwiebel
- 2 Zweige Liebstöckel (ersatzweise Petersilie)

Für den Semmelkren
- 3 Semmeln, altbacken
- 200 ml Rindsuppe
- 100 ml Schlagobers
- 4 EL Kren, frisch gerieben

- 2 EL Schnittlauch zum Verfeinern
- Meersalz
- schwarzer Pfeffer aus der Mühle

Pot au Feu
von Wintergemüsen und Lamm

Für 4—6 Personen
- 700 g Lammfleisch (aus der Keule)
- 100 g Rindermark
- 2 Zwiebeln
- 2 Karotten
- 2 gelbe Rüben
- 150 g Knollensellerie
- 100 g Petersilwurzeln
- 200 g Pastinaken
- 150 g Weißkraut
- 1/2 Stange Lauch
- 6 EL Olivenöl
- 1 EL Tomatenmark
- 1 Prise Zucker
- 2 EL Thymianblättchen, gerebelt
- 750 ml Rindsuppe

- Meersalz
- schwarzer Pfeffer aus der Mühle

- Petersilie, gehackt, zum Verfeinern

Schritt 1 / Das Lammfleisch in 2 cm große Würfel schneiden. Das Rindermark in kaltem Wasser 20 Minuten wässern und dann in Scheiben schneiden.

Schritt 2 / Zwiebeln, Karotten, gelbe Rüben, Sellerie, Petersilwurzeln und Pastinaken schälen und in etwa 1,5 cm große Würfel schneiden. Aus den Weißkrautblättern den dicken Mittelstrunk entfernen und die Blätter in Rauten schneiden. Den Lauch waschen und in Scheiben schneiden.

Schritt 3 / Das Olivenöl erhitzen und das Lammfleisch darin von allen Seiten anbraten. Erst dann salzen und pfeffern, die Zwiebeln, das Tomatenmark, Zucker und Thymian zugeben und zwei Minuten gut durchrösten. Vom Herd nehmen.

Schritt 4 / In einem großen Bräter die Hälfte des Rindermarks ohne Fett glasig anschwitzen. Darauf schichtweise Fleisch und die Gemüse einlegen. Das restliche Rindermark oben auf legen. Alles mit der kochenden, kräftig gesalzenen Rindsuppe übergießen.

Schritt 5 / Den Topf zudecken und den Eintopf bei 200°C Ober-/Unterhitze am Boden des Ofens etwa 90 Minuten schmoren. Den Eintopf leicht überkühlen lassen und mit gehackter Petersilie bestreut servieren.

Mein Tipp Eintöpfe wie dieser gelingen am besten, wenn man größere Mengen davon zubereitet. Das ist in diesem Fall aber kein Problem, da sich Reste davon problemlos einfrieren und wieder aufwärmen lassen. Nicht einfrieren sollten sie jedoch Eintöpfe mit Erdäpfeln, da diese dadurch eine wässrige, krisselige Konsistenz bekommen und nicht mehr gut schmecken.

Kalbsleber
auf Majoranzwiebeln mit Selleriepüree

Schritt 1 / Die Sellerieknolle schälen, in 2 cm große Würfel schneiden und in der Milch aufkochen. Mit Salz, Pfeffer und geriebener Muskatnuss würzen und auf kleiner Flamme köcheln, bis die gesamte Milch verdunstet ist und das Gemüse leicht zerfällt. Dabei vor allem am Schluss öfter umrühren. Sellerie in ein hohes Gefäß geben, Butter zufügen und mit dem Mixstab sehr fein pürieren, abschmecken.

Schritt 2 / Die Zwiebeln schälen, halbieren und längs in feine Streifen schneiden. Olivenöl in einer Pfanne erhitzen und den Zucker darin hell karamellisieren lassen. Die Zwiebeln zugeben und bei mittlerer Hitze goldgelb rösten. Mit Salz und Pfeffer würzen. Mit dem Rotweinessig und dem Rotwein ablöschen und reduzieren lassen. Die Kalbsglace zugeben und gut durchkochen lassen. Die Pfanne vom Herd nehmen.

Schritt 3 / Die Leber in Scheiben schneiden und leicht mehlieren. Im Öl bei mittlerer Hitze von beiden Seiten je nach Dicke der Scheiben 1–2 Minuten braten. Die Pfanne vom Herd nehmen und die Leber kurz ruhen lassen, erst dann salzen und pfeffern.

Schritt 4 / Die Zwiebeln nochmals erhitzen und die Butter sowie den Majoran einrühren, das Selleriepüree bei Bedarf ebenfalls nochmals erwärmen. Die Zwiebeln auf heißen Tellern verteilen und die Leber daraufsetzen. Mit dem Püree servieren.

Mein Tipp Dieses Zwiebelgemüse ist als Beilage sehr vielfältig verwendbar. Es passt auch wunderbar zu kurz gebratenem Rindfleisch wie Steak oder Rostbraten oder zu kräftigem Fisch wie Waller und Karpfen.

Für das Selleriepüree
- 400 g Knollensellerie
- 600 ml Milch
- 50 g Butter
- Muskatnuss

Für die Majoranzwiebeln
- 4 weiße Gemüsezwiebeln
- 2 EL Olivenöl
- 1 EL Kristallzucker
- 2 EL Rotweinessig
- 1/8 l Rotwein
- 1/16 l Kalbsjus (aus dem Glas)
- 50 g Butter
- 1 EL Majoran, frisch gehackt

Für die Leber
- 600 g Kalbsleber, enthäutet
- 2 EL Mehl
- 2 EL Olivenöl

- Meersalz
- schwarzer Pfeffer aus der Mühle

Mein Tipp Besonders delikat und edel wird dieses Gericht, wenn Sie in der Saison (von September bis Jänner) anstatt normaler Entenbrüste Wildentenbrüste verwenden. Unter Gourmets herrscht übrigens ein Diskurs, ob männliche oder weibliche Entenbrüste wohlschmeckender sind. Das ist meiner Meinung nach ein Streit um des Kaisers Bart. Weibliche Entenbrüste sind einfach kleiner, zarter und saftiger. Männliche sind größer und würziger im Geschmack, können aber auch eher zäh sein.

Gebratene Entenbrust
mit zweierlei glacierten Rüben

Schritt 1 / Für die Gewürzmischung Korianderkörner im Mörser fein zerreiben und mit den restlichen Gewürzen mischen.

Schritt 2 / Die Entenbrüste säubern und überschüssige Fettränder entfernen. Die Haut rautenförmig einschneiden. Die Brüste salzen und pfeffern und auf der Hautseite im heißen Olivenöl 5 Minuten braten. Aus der Pfanne nehmen und leicht überkühlen lassen. Auf der Fleischseite rundum mit Honig bepinseln und mit der Gewürzmischung bestreuen. (1/2 TL der Gewürzmischung zurückbehalten.)

Schritt 3 / Die Entenbrüste mit der Haut nach oben in einen Bräter setzen und im Backofen bei 120°C Ober-/Unterhitze etwa 20 Minuten garen.

Schritt 4 / Für die Sauce den Orangensaft mit dem Honig dickflüssig einkochen lassen. Sherryessig und Wildfond zugeben und schwach köchelnd auf ein Drittel reduzieren lassen.

Schritt 5 / Die Rüben schälen und in mundgerechte Stücke schneiden. Die Roten Rüben in der Hälfte des Olivenöls anbraten und mit dem Balsamico ablöschen, kräftig salzen und pfeffern. Portwein und Wildfond zufügen und dicklich einkochen lassen.

Schritt 6 / Die Mairübchen separat im restlichen Olivenöl anbraten, salzen und pfeffern und mit der Hühnerbrühe ablöschen. Zugedeckt auf kleiner Flamme weich dünsten.

Schritt 7 / Die Entenbrüste aus dem Backofen nehmen und zugedeckt warm rasten lassen.

Schritt 8 / Die Sauce nochmals erwärmen und die restliche Gewürzmischung einrühren. Die Sauce mit der Butter montieren.

Schritt 9 / Den Schmorsaft der Roten Rüben und Mairübchen jeweils mit der Hälfte der Butter binden.

Schritt 10 / Die Entenbrüste in Tranchen schneiden und mit den Rüben und der Sauce servieren.

Für die Gewürzmischung
- 1 TL Korianderkörner
- 1/4 TL Zimt, gemahlen
- 1/4 TL Muskatnuss, frisch gerieben
- 1/4 TL Ingwerpulver

Für die Entenbrüste
- 4 kleinere Entenbrüste (je ca. 200 g)
- 2 EL Olivenöl
- 50 g Honig

Für die Sauce
- 200 ml Orangensaft
- 1 TL Honig
- 100 ml Sherryessig
- 500 ml Wildfond
- 50 g Butter

Für die glacierten Rüben
- 2 Rote Rüben, gekocht
- 200 g Mairübchen
- 4 EL Olivenöl
- 2 EL Balsamicoessig
- 50 ml roter Portwein
- 50 ml Wildfond
- 200 ml Hühnerbrühe
- 40 g Butter

- Meersalz
- schwarzer Pfeffer aus der Mühle

Gefüllte Hühnerbrust
mit Karottensauce

Für die Hühnerbrust
- 1 kleine Karotte
- 50 g Knollensellerie
- 100 g Champignons
- 1 Schweinsnetz
- 20 g Butter
- 2 Schalotten, fein geschnitten
- 100 ml Schlagobers
- 1 Msp. Muskatnuss, frisch gerieben
- 4 Hühnerbrüste, mit Haut
- 3 EL Olivenöl

Für die Karottensauce
- 100 g Karotte
- 10 Korianderkörner
- 150 ml Hühnerbrühe
- 80 g Butter

- 4 kleine Karotten mit Grün als Garnitur
- Petersilienblätter zum Garnieren
- Meersalz
- schwarzer Pfeffer aus der Mühle

Schritt 1 / Für die Hühnerbrüste Karotte und Knollensellerie schälen und sehr fein würfeln. Champignons putzen und ebenfalls sehr fein würfeln. Das Schweinsnetz in kaltem Wasser einweichen.

Schritt 2 / Die Butter in einem Topf aufschäumen lassen und die Schalotten darin glasig anschwitzen. Die Gemüse- und Pilzwürfel zugeben, mit Salz und Pfeffer würzen und 2 Minuten dünsten. Das Schlagobers zugießen und einkochen lassen, bis fast alle Flüssigkeit verdampft ist. Mit Salz, Pfeffer und Muskat abschmecken.

Schritt 3 / Für die Karottensauce die Karotten schälen und in grobe Stücke schneiden. Salzwasser mit den Korianderkörnern zum Kochen bringen und die Karotten für die Sauce und die für die Garnitur darin weich kochen. Abseihen und die Korianderkörner entfernen. Die Karotten für die Sauce mit dem Stabmixer fein pürieren.

Schritt 4 / Das Schweinsnetz auslegen. Die Hühnerbrüste auf der Längsseite einschneiden und mit der Gemüse-Pilz-Mischung füllen. Mit Salz und Pfeffer würzen und jede Hühnerbrust in Schweinsnetz wickeln.

Schritt 5 / Das Olivenöl in einer Pfanne erhitzen und die Hühnerbrüste darin von beiden Seiten anbraten. Im Backofen bei 180°C Ober-/Unterhitze etwa 20 Minuten fertig garen.

Schritt 6 / Für die Sauce die Hühnerbrühe aufkochen und die Butter einmontieren. 2 Esslöffel von dem Karottenpüree unterrühren und die Sauce durch ein Sieb streichen.

Schritt 7 / Die Sauce als Spiegel auf heißen Tellern anrichten und die Hühnerbrüste daraufsetzen. Mit den ganzen Karotten und den Petersilienblättern dekorieren.

Mein Tipp Als Beilage passen am besten eine cremige Polenta oder Schupfnudeln. Anstelle der Hühnerbrust können Sie auch blanchiertes Kalbsbries verwenden.

Offene Lasagne
von Lachs und Topinambur mit Safrannudeln

Schritt 1 / Für den Nudelteig das Safranpulver in 2 Esslöffel Wasser auflösen und alle Zutaten zu einem glatten Teig verarbeiten. Diesen mit Frischhaltefolie bedeckt im Kühlschrank mindestens 1 Stunde rasten lassen.

Schritt 2 / Für die Sauce Schalotten, Pfeffer- und Korianderkörner mit dem Weißwein aufkochen und die Flüssigkeit auf die Hälfte reduzieren lassen. Den Topf vom Herd nehmen und das Safranpulver einrühren.

Schritt 3 / Die Topinamburknollen waschen, schälen und in 2 mm dünne Scheiben schneiden. Mit den Schalotten in der Hälfte des Olivenöls bissfest braten, salzen und pfeffern.

Schritt 4 / Den Lachs in 5 mm dicke Scheiben schneiden, von beiden Seiten leicht mit Olivenöl einstreichen und auf ein Blech setzen. Backofen auf 80°C vorheizen.

Schritt 5 / Den Nudelteig auf einer bemehlten Arbeitsfläche (oder mit der Nudelmaschine) zu dünnen Bahnen ausrollen und Quadrate mit 8 cm Seitenlänge daraus schneiden.

Schritt 6 / Den Ansatz für die Sauce durch ein feines Sieb in einen Topf seihen und mit dem Schlagobers nochmals aufkochen lassen. Mit Salz und Pfeffer abschmecken und die Butter einrühren.

Schritt 7 / Den Lachs im vorgeheizten Backofen etwa 5 Minuten glasig braten. Die Nudelblätter in Salzwasser bissfest kochen.

Schritt 8 / In tiefe Teller Nudelblätter, Topinambur und Lachsscheiben zu einer offenen Lasagne schlichten. Mit einem Blatt Nudelteig abschließen und dieses mit etwas Olivenöl bepinseln.

Schritt 9 / Die Lasagne im Backofen erwärmen. Die Sauce mit einem Stabmixer aufschäumen, über die Lasagne gießen und diese mit Basilikum garniert servieren.

Mein Tipp Bereiten Sie dieses Gericht unbedingt mit frischer, ungetrockneter Pasta zu. Eventuell können Sie diese auch im italienischen Feinkostgeschäft kaufen. Sie können auch Gnocchi anstelle von Nudelplatten verwenden. Dann einfach die Gnocchi und das Topinamburgemüse vor dem Servieren in der Sauce durchschwenken und die Lachsscheiben darauf verteilen.

Für den Nudelteig
- 250 g Mehl
- 2 Eier
- 1 EL Öl
- 1 Döschen (0,1 g) Safranpulver

Für die Sauce
- 1 Schalotte, in Streifen geschnitten
- 5 schwarze Pfefferkörner
- 5 Korianderkörner
- 200 ml Weißwein
- 1 Döschen (0,1 g) Safranpulver
- 70 ml Schlagobers
- 40 g Butter

Für die Lasagne
- 500 g Topinambur
- 2 Schalotten, in Streifen geschnitten
- 6 EL Olivenöl
- 300 g Lachsfilet ohne Haut

- Meersalz
- schwarzer Pfeffer aus der Mühle

- Mehl zum Ausrollen des Nudelteigs
- Olivenöl zum Bepinseln
- 10 Blätter Basilikum zum Verfeinern

- 250 g Radieschen mit Grün
- 40 g Butter
- 2 EL Weißweinessig
- 4 Lachsforellenfilets, mit Haut (zu je ca. 150 g)
- 2 EL Olivenöl
- 1 Stück Kren, ca. 10 cm lang
- Meersalz

Lachsforelle
mit Radieschen und Kren

Schritt 1 / Die Radieschen waschen, putzen und je nach Größe vierteln oder sechsteln. Die Blätter fein schneiden und beiseite stellen.

Schritt 2 / Die Hälfte der Butter in einer Pfanne aufschäumen lassen und die Radieschen darin anschwitzen. Mit dem Essig ablöschen und mit etwas Wasser aufgießen, salzen. Die Flüssigkeit fast ganz verdunsten lassen, dann erneut etwas Wasser angießen. Diesen Vorgang wiederholen, bis die Radieschen gar sind. Vom Herd nehmen.

Schritt 3 / Die Lachsforellenfilets säubern und salzen und im Olivenöl auf der Hautseite glasig braten (dauert ca. 4–5 Minuten).

Schritt 4 / Den Kren schälen und mit einem Messer längs dünne Fäden davon abziehen.

Schritt 5 / Die Radieschen erneut mit etwas Wasser aufkochen lassen und den Fond mit der restlichen Butter binden.

Schritt 6 / Die Radieschen mittig auf Tellern anrichten und die Lachsforellenfilets daraufsetzen. Mit den Krenfäden und den Radieschenblättern bestreuen.

Mein Tipp Die Radieschen behalten ihre hübsche rosa Farbe durch die Zugabe des Essigs. Bereiten Sie dieses Gemüse immer erst kurz vor dem Servieren zu. Werden die Radieschen noch einmal aufgewärmt, werden sie leicht schrumpelig und unansehnlich.

Schwarzwurzeltarte
mit geräuchertem Schafskäse

Schritt 1 / Die Schwarzwurzeln gut waschen und schälen. Die Enden abschneiden und dicke Stangen längs halbieren. Die Schwarzwurzeln in Wasser mit Zitronensaft einlegen.

Schritt 2 / Butter in einer Pfanne aufschäumen lassen und die Schwarzwurzeln zugeben, mit Salz und Pfeffer würzen. Nach und nach mit Zitronenwasser ablöschen und die Schwarzwurzeln so noch recht bissfest dünsten (sie werden ja im Backrohr noch weiter gegart). Den Staubzucker zugeben und die Schwarzwurzeln darin leicht karamellisieren lassen.

Schritt 3 / Ricotta, Thymian, Tomaten, Haselnussöl, Parmesan, Ei und Muskat gut verrühren und mit Salz und Pfeffer würzen.

Schritt 4 / Eine Tarteform oder Kastenformen mit dem Blätterteig auslegen und die Ricottamasse darauf gleichmäßig verteilen.

Schritt 5 / Die Schwarzwurzeln darauflegen und die Tarte im Backofen bei 180°C Ober-/Unterhitze ca. 30 Minuten backen.

Schritt 6 / Die Tarte aus dem Backofen nehmen, den Schafskäse in Scheiben schneiden und darauf verteilen. Die Tarte mit Haselnussöl beträufeln und mit Thymianblättchen bestreuen.

Mein Tipp Tragen Sie beim Waschen und Putzen von Schwarzwurzeln am besten Handschuhe. Schwarzwurzeln sondern einen Saft ab, der sehr klebrig ist und die Haut bräunlich verfärbt. Wer möchte, kann die Schwarzwurzeln auch in Milch einlegen und garen. Unbedingt notwendig ist allerdings der Zitronensaft, da sich die Schwarzwurzeln sonst braun verfärben.

Für 1 Tarteform mit 26 cm Durchmesser oder 2 Kastenformen
- 800 g Schwarzwurzeln
- Saft von 1 Zitrone
- 30 g Butter
- 1 TL Staubzucker

- 250 g Ricotta
- 1 EL Thymian, gerebelt und fein geschnitten
- 10 getrocknete Tomaten, fein gewürfelt
- 4 EL Haselnussöl
- 50 g Parmesan, frisch gerieben
- 1 Ei
- 1/4 TL Muskatnuss, frisch gerieben

- 1 Pkg. Blätterteig
- 150 g geräucherter Schafskäse, alternativ anderer würziger Hartkäse von Ziege oder Schaf

- Meersalz
- schwarzer Pfeffer aus der Mühle

- Haselnussöl zum Verfeinern
- Thymian zum Garnieren

Für 1 Tarteform mit 26 cm Durchmesser oder 2 Kastenformen
- 500 g Steckrüben
- 20 g Butter
- 100 ml Gemüsebrühe
- 1 säuerlicher Apfel
- 1 EL Zitronensaft
- 150 g Camembert
- 4 Eier
- 250 ml Schlagobers
- 2 EL Petersilie, fein geschnitten
- 1/4 TL Muskatnuss, frisch gerieben
- 1 Pkg. Blätterteig

- Meersalz
- schwarzer Pfeffer aus der Mühle

Steckrüben-Quiche

Schritt 1 / Die Steckrübe schälen und in feine Streifen schneiden. In einem Topf die Butter aufschäumen und die Steckrüben darin glasig anschwitzen, salzen und pfeffern und mit der Gemüsebrühe aufgießen. Die Steckrüben darin dünsten, bis die Flüssigkeit verdampft ist.

Schritt 2 / Den Apfel schälen, entkernen und ebenfalls in Streifen schneiden, mit dem Zitronensaft marinieren. Den Camembert würfeln.

Schritt 3 / Die Eier mit dem Schlagobers verschlagen, Petersilie untermischen und mit Muskat, Salz und Pfeffer würzen.

Schritt 4 / Die Tarteform mit dem Blätterteig auslegen. Alle anderen Zutaten miteinander vermengen und in die Form füllen. Bei 170°C Heißluft 35 bis 40 Minuten backen.

Mein Tipp Wenn es weniger aufwendig sein soll, können Sie Apfel und Steckrüben auch grob raspeln und letztere roh in die Quiche-Masse mischen. Die Backzeit erhöht sich dadurch aber um etwa 10 Minuten. Decken Sie in dem Fall die Quiche im letzten Viertel der Backzeit mit Alufolie ab, damit die Oberfläche nicht zu stark bräunt. Anstelle von Steckrüben können Sie für diese Quiche auch Knollensellerie verwenden.

- 70 g Karotte
- 70 g Knollensellerie
- 70 g gelbe Rüben
- 70 g Zucchini
- 1 Schalotte, fein gewürfelt
- 25 g Butter
- 1 Lorbeerblatt
- 300 ml Fischfond
- 4 Forellenfilets, mit Haut (zu je ca. 150 g)
- 50 ml Schlagobers
- 150 ml Buttermilch
- 50 g Sauerrahm
- 1 EL Zitronensaft
- 1 EL Schnittlauch, fein geschnitten

- Meersalz
- schwarzer Pfeffer aus der Mühle

Forelle in Buttermilch
mit Wurzelgemüse

Schritt 1 / Karotte, Sellerie und gelbe Rüben schälen, in feine Streifen schneiden und in Salzwasser bissfest kochen. Sofort kalt abschrecken. Die Zucchini ebenfalls in feine Streifen schneiden und diese in einem Sieb mit siedendem Wasser übergießen, kalt abschrecken.

Schritt 2 / Die Schalottenwürfel in der Butter glasig anschwitzen, Lorbeerblatt zugeben und mit dem Fischfond auffüllen. Leicht salzen und aufkochen lassen. Die Hitze reduzieren.

Schritt 3 / Die Forellenfilets säubern, halbieren und im Fischfond langsam gar ziehen lassen (dauert etwa 3–4 Minuten). Die Filets aus dem Fond heben und zugedeckt neben dem Herd warm stellen.

Schritt 4 / Den Fischfond auf ca. 100 ml reduzieren lassen, das Lorbeerblatt entfernen. Schlagobers, Buttermilch und Sauerrahm beigeben und mit dem Stabmixer gut aufmixen. Mit Salz, Pfeffer und Zitronensaft abschmecken.

Schritt 5 / Die Gemüsestreifen und den Fisch im Sud nochmals erwärmen und in tiefen Tellern anrichten. Den Buttermilchsud nochmals aufschäumen und angießen. Mit frischem Schnittlauch bestreut servieren.

Mein Tipp Die Buttermilch macht dieses leichte Fischgericht herrlich frisch. Es eignet sich deshalb besonders als Zwischengericht in großen Menüs, da durch die leichte Säure die Geschmacksnerven geöffnet und der Appetit wieder angeregt wird. Wenn Sie das Gericht als Hauptspeise servieren, passen am besten Erdäpfel als Beilage.

Panierte Schwarzwurzeln
mit Sauce Remoulade

Für die Schwarzwurzeln
- 700 g Schwarzwurzeln
- Saft von 1 Zitrone
- 200 ml Milch
- 100 g Mehl
- 3 Eier
- 150 g Semmelbrösel

Für die Sauce Remoulade
- 200 g Mayonnaise
- 100 g Crème fraîche
- 50 g Sauerrahm
- 1 Schalotte, fein gewürfelt
- 30 g Essiggurkerl, fein gehackt
- 30 g Kapern, fein gehackt
- 1/2 TL Dijon-Senf
- 1 Prise Zucker
- 1 EL Weißweinessig
- 2 EL Petersilie, fein gehackt

- Öl zum Ausbacken

- Meersalz
- schwarzer Pfeffer aus der Mühle

Schritt 1 / Die Schwarzwurzeln gut waschen und schälen. Die Enden abschneiden und dicke Stangen längs halbieren. Die Schwarzwurzeln in Wasser mit Zitronensaft einlegen.

Schritt 2 / Milch und etwas Zitronenwasser in einem Topf aufkochen lassen und kräftig salzen. Die Schwarzwurzeln darin bissfest kochen, abseihen und trocken legen.

Schritt 3 / Für die Sauce Remoulade alle Zutaten gut vermengen und mit Salz und Pfeffer abschmecken.

Schritt 4 / Die Schwarzwurzeln in Mehl, verquirltem Ei und Bröseln panieren und im heißen Öl schwimmend goldgelb ausbacken. Auf Küchenpapier abtropfen lassen und mit der Sauce Remoulade servieren.

Mein Tipp Sollte beim Panieren der Schwarzwurzeln die Panade schlecht haften, so panieren Sie die Schwarzwurzeln einfach doppelt. Wälzen Sie dazu die bereits panierten Schwarzwurzeln nochmals in Ei und Bröseln. Auf diese Weise bekommen Sie eine wunderbar knusprige, herzhafte Panade.

Gefüllter Kohlrabi

Schritt 1 / Die Kohlrabis schälen, den Deckel abschneiden und mit einem Löffel oder einem Parisienneausstecher aushöhlen, sodass die Wände ca. 1 cm stark bleiben. Das Fruchtfleisch möglichst klein schneiden und mit dem Deckel in Salzwasser kurz blanchieren.

Schritt 2 / Für die Fülle Zwiebel, Knoblauch und Kohlrabi-Fruchtfleisch im Olivenöl glasig braten, mit Salz und Pfeffer würzen und leicht überkühlen lassen. Mit allen restlichen Zutaten gut vermengen und abschmecken.

Schritt 3 / Für die Sauce Zwiebel, Knoblauchzehe und die Gewürze mit Gemüsebrühe und Weißwein zum Kochen bringen und die Flüssigkeit auf die Hälfte reduzieren lassen. Den Topf vom Herd nehmen und zugedeckt ziehen lassen.

Schritt 4 / Die Kohlrabis mit der Brät-Mischung füllen und in einen passenden Bräter setzen. Etwa 1 cm hoch Wasser angießen und die Kohlrabi-Deckel aufsetzen. Die Kohlrabis mit Alufolie abdecken und im Backofen bei 170°C Ober-/Unterhitze etwa 40 Minuten garen.

Schritt 5 / Die Reduktion für die Sauce in einen Topf seihen und erneut aufkochen. Das Schlagobers zugeben und 5 Minuten leicht köchelnd reduzieren lassen. Die Sauce mit Salz, Pfeffer und Weißweinessig abschmecken, die Butter zugeben und die Sauce mit dem Stabmixer aufschäumen.

Schritt 6 / Die Kohlrabis auf Tellern anrichten und mit der Sauce umgießen.

Mein Tipp Verwenden Sie für dieses Gericht möglichst junge, nicht zu große Kohlrabis, da deren Fruchtfleisch cremiger und nicht holzig ist. Achten Sie beim Schälen der Kohlrabis darauf, dass Sie sämtliche holzige Teile der Schale entfernen. Es dürfen keine weißen faserigen Stellen mehr erkennbar sein. Kalbsbrät bekommen Sie bei Ihrem Metzger oder Sie verwenden das Innere von rohen, groben Bratwürsten.

- 4 mittelgroße Kohlrabis

Für die Fülle
- 1 kleine Zwiebel, fein gewürfelt
- 1 Knoblauchzehe, fein geschnitten
- 2 EL Olivenöl
- 200 g grobes Kalbsbrät
- 2 Scheiben Toastbrot, gewürfelt
- 1 EL Petersilie, fein geschnitten
- 1 TL Thymianblättchen

Für die Sauce
- 1 kleine Zwiebel, in Streifen geschnitten
- 1 Knoblauchzehe
- 5 schwarze Pfefferkörner
- 1/2 TL Senfkörner
- 5 Korianderkörner
- 2 Lorbeerblätter
- 100 ml Gemüsebrühe
- 100 ml Weißwein
- 150 ml Schlagobers
- 1 Spritzer Weißweinessig
- 20 g Butter

- Meersalz
- schwarzer Pfeffer aus der Mühle

Kohlrabi-Lasagne
mit Blattspinat

Für die Béchamelsauce
- 2 Knoblauchzehen, fein geschnitten
- 4 Schalotten, fein gewürfelt
- 25 g Butter
- 25 g Mehl
- 500 ml Milch
- 1/2 TL Muskatnuss, frisch gerieben
- abgeriebene Schale von 1 Zitrone

Für die Lasagne
- 300 g Blattspinat
- 700 g Kohlrabi
- 2 EL Olivenöl
- 9 Lasagneblätter
- 60 g alter Gouda (ersatzweise Cheddar)

- Meersalz
- schwarzer Pfeffer aus der Mühle

Schritt 1 / Für die Béchamelsauce Knoblauch und Schalotten in der Butter anschwitzen und das Mehl einrühren. Kurz mitrösten lassen und mit der kalten Milch auffüllen. Mit Salz, Pfeffer, Muskat und der Zitronenschale würzen und unter gelegentlichem Rühren 20 Minuten einkochen lassen.

Schritt 2 / In der Zwischenzeit den Spinat putzen, waschen und in Salzwasser blanchieren. Sofort kalt abschrecken.

Schritt 3 / Den Kohlrabi schälen und in möglichst dünne Scheiben schneiden.

Schritt 4 / Eine passende Auflaufform mit Olivenöl ausstreichen und etwas Béchamelsauce eingießen. Dann abwechselnd und in dieser Reihenfolge Nudelblätter, Béchamel, Kohlrabi und Spinat einfüllen. Mit einem Nudelblatt abschließen und die restliche Béchamel darauf verteilen.

Schritt 5 / Den Käse fein reiben und über die Lasagne streuen. Im vorgeheizten Backofen bei 190°C Ober-/Unterhitze etwa 30 bis 35 Minuten garen.

Mein Tipp Achten Sie bei der Zubereitung dieser Lasagne darauf, dass Sie die Béchamelsauce gut würzen. Sie darf ruhig etwas versalzen schmecken, denn sie muss Nudelblätter, Kohlrabi und Spinat mitwürzen. Nachsalzen bei Tisch ist bei diesem Gericht wenig erfolgreich.

Knusperlasagne
mit Pastinakencreme und Mozzarella

Für die Pastinakencreme
- 500 g Pastinaken
- 20 g Butter
- 100 ml Gemüsebrühe
- 100 ml Milch
- 100 ml Schlagobers
- 1/4 TL Muskatnuss, frisch gerieben

Für das Basilikumpüree
- 1 Bund Basilikum
- 50 ml Olivenöl
- 1 Prise Zucker

Für die Knusperlasagne
- 125 g Mozzarella
- 50 g Parmesan, frisch gerieben
- 8 getrocknete Tomatenfilets in Öl
- 1 Pkg. Filoteig
- 20 g flüssige Butter

- Meersalz
- schwarzer Pfeffer aus der Mühle

Schritt 1 / Die Pastinaken schälen und grob würfeln. Die Butter in einem Topf aufschäumen und die Pastinaken darin kurz ohne Farbe anschwitzen. Mit Gemüsebrühe, Milch und Schlagobers auffüllen, mit Salz und Pfeffer würzen und die Pastinaken darin sehr weich kochen. Mit dem Stabmixer pürieren und mit Salz und Muskat abschmecken.

Schritt 2 / Für das Basilikumpüree die Blätter abzupfen und mit dem Olivenöl, Zucker und etwas Salz mit dem Stabmixer pürieren. Über einer kleinen Schüssel in einem feinen Sieb abtropfen lassen.

Schritt 3 / Den Mozzarella würfeln und mit dem geriebenen Parmesan vermischen. Die Tomatenfilets klein würfeln.

Schritt 4 / Den Filoteig auslegen und in 24 Quadrate von 8 x 8 cm Länge schneiden. Die Hälfte der Blätter mit kaltem Wasser bestreichen und je ein weiteres Blatt darauflegen. Die Filoteigblätter auf Bleche mit Backpapier legen und bei 180°C Ober-/Unterhitze im Backofen ca. 5 Minuten hellbraun backen.

Schritt 5 / Den Mozzarella mit den Tomatenwürfeln vermischen, in eine feuerreste Form geben und kurz im Backofen erwärmen. Je ein Filoteigblatt auf die Teller setzen und mit etwas Pastinakencreme bestreichen. 1 Teelöffel Mozzarella und 1/2 Teelöffel Basilikumpüree in die Mitte setzen. Ein weiteres Filoteigblatt darauflegen und erneut mit Pastinakencreme, Mozzarella und Basilikumpüree belegen. Mit einem Filoteigblatt abschließen und dieses mit flüssiger Butter bepinseln.

Schritt 6 / Die „Lasagne" vor dem Servieren mit dem abgetropften Basilikumöl beträufeln und umkränzen.

Mein Tipp Sehr gut passt zu diesem Gericht eine einfache Tomatensauce: Eine Dose Pelati-Tomaten mit etwas Wasser, einer geschälten und geviertelten Zwiebel, etwas Zucker, Salz und Pfeffer in einem Topf zugedeckt 1 Stunde auf kleiner Flamme schmurgeln lassen. Die Zwiebel entfernen, die Sauce durch ein Sieb passieren, erneut kurz aufkochen und 40 g Butter einmontieren.

- 1 Menge Nudelteig (Rezept Seite 77)
- Mehl zum Ausrollen des Nudelteigs
- 1 Eiweiß zum Bestreichen des Nudelteigs

- 2 Rote Rüben, gekocht
- 2 EL Sherryessig
- 1/4 TL Kümmel, gemahlen
- 1 Prise Zucker
- 80 g gesalzene Rohmilchbutter
- 70 g Graumohn, gemahlen

- Meersalz
- schwarzer Pfeffer aus der Mühle

Rote-Rüben-Ravioli
mit Mohnbutter

Schritt 1 / Die Roten Rüben schälen, klein schneiden und mit Essig, Kümmel und Zucker mit dem Stabmixer fein pürieren. Mit Salz und Pfeffer kräftig abschmecken.

Schritt 2 / Den Nudelteig auf einer bemehlten Arbeitsfläche (oder mit der Nudelmaschine) zu zwei dünnen Bahnen ausrollen und diese jeweils in der unteren Hälfte mit Eiweiß bestreichen. Auf diese Hälfte mit einem Teelöffel im Abstand von 6 cm Rübenfülle verteilen, die obere Teighälfte darüberklappen und rund um die Fülle fest andrücken. Mit einem runden Ausstecher oder einem Glas Ravioli herstellen.

Schritt 3 / Die Ravioli in Salzwasser bissfest kochen und abgießen.

Schritt 4 / Butter in einer Pfanne aufschäumen und den Mohn darin kurz anschwitzen. Die Ravioli zugeben und durchschwenken. Leicht salzen und pfeffern und servieren.

Mein Tipp Ein sehr simples Gericht, bei dem die verwendeten Zutaten erstklassig sein sollten. Verwenden Sie deshalb bitte unbedingt frisch gemahlenen Mohn!

Für den Rettich
- 500 g weißer Rettich
- 1 rote Paprika
- 2 Schalotten
- 150 g Wirsing
- 4 EL Sesamöl

Für die Sauce
- 30 g Ingwer
- 1 Knoblauchzehe
- 1 Chilischote
- abgeriebene Schale von 1 Limette
- 2 EL Limettensaft
- 2 EL Reiswein (ersatzweise Sherry)
- 1 EL brauner Rohrzucker
- 6 EL Sojasauce
- 50 g Erdnüsse

- 2 EL Koriandergrün, fein geschnitten
- Meersalz
- schwarzer Pfeffer aus der Mühle

Rettich aus dem Wok

Schritt 1 / Den Rettich schälen und in mundgerechte Stücke schneiden. Die Paprika entkernen und in Streifen schneiden. Die Schalotten schälen und ebenfalls in Streifen schneiden. Die Wirsingblätter vom Strunk befreien, in Rauten schneiden und kurz in kochendem Salzwasser blanchieren.

Schritt 2 / In einem Wok das Sesamöl gut erhitzen und alle Gemüse darin farblos anschwitzen, salzen und pfeffern. Nach und nach etwas Wasser angießen und das Gemüse etwa 5 Minuten dünsten.

Schritt 3 / Ingwer und Knoblauch schälen und sehr fein schneiden. Die Chilischote entkernen und ebenfalls fein schneiden. Alle Zutaten für die Sauce gut verrühren.

Schritt 4 / Die Sauce zu den Gemüsen geben und unter Rühren noch etwa 1 Minuten weiter garen.

Schritt 5 / Das Koriandergrün unter das Gemüse mischen und servieren.

Mein Tipp Ein leichtes, asiatisch inspiriertes Gericht, zu dem man nicht unbedingt Reis servieren muss. Wunderbar passen etwa auch die Sellerieravioli (Rezept Seite 77).

Glacierter Rettich
mit Erdäpfel-Topfen-Ravioli

Für die Ravioli
- 150 g Erdäpfel, mehlig
- 30 g Butter
- 1 kleine Zwiebel, fein geschnitten
- 150 g Topfen 20%
- 1/4 TL Muskatnuss, frisch gemahlen
- 2 EL Schnittlauch, fein geschnitten
- 1 Menge Nudelteig (Rezept Seite 77)
- 1 Eiweiß
- Mehl zum Ausrollen des Teiges

Für den Rettich
- 800 g weißer Rettich
- 100 g Butter
- 1 TL Zucker
- 200 ml Gemüsebrühe
- 1/2 Bund Schnittlauch, fein geschnitten

- Meersalz
- schwarzer Pfeffer aus der Mühle

Schritt 1 / Die Erdäpfel in Salzwasser weich kochen, schälen und mit einer Gabel zerdrücken, leicht überkühlen lassen.

Schritt 2 / Butter in einem Topf aufschäumen und die Zwiebel darin bei kleiner Hitze langsam hellbraun schmoren, mit Salz und Pfeffer würzen.

Schritt 3 / Erdäpfel, Topfen und Zwiebel gut miteinander verrühren, Muskat und Schnittlauch zugeben und mit Salz und Pfeffer kräftig abschmecken.

Schritt 4 / Den Nudelteig auf einer bemehlten Arbeitsfläche (oder mit der Nudelmaschine) zu zwei dünnen Bahnen ausrollen. Eine Bahn mit Eiweiß bestreichen und die Fülle mit einem Teelöffel aufsetzen. Die zweite Bahn darüberlegen und gut andrücken. Mit einem Ausstecher runde Ravioli ausstechen und auf ein bemehltes Blech setzen.

Schritt 5 / Den Rettich schälen und in mundgerechte Stücke schneiden. Die Hälfte der Butter in einer Pfanne aufschäumen und den Zucker darin hell karamellisieren lassen. Den Rettich zugeben, mit Salz und Pfeffer würzen und 2 Minuten anschwitzen. Dann nach und nach mit der Gemüsebrühe ablöschen und den Rettich bissfest dünsten.

Schritt 6 / Die Ravioli in ausreichend Salzwasser bissfest kochen, abseihen.

Schritt 7 / Die restliche Butter und den Schnittlauch unter den Rettich mischen und diesen mit den Ravioli servieren.

Mein Tipp Achten Sie beim Dünsten des Rettichs darauf, dass immer ausreichend Flüssigkeit in der Pfanne ist. Er sollte nicht braten und keine Farbe nehmen. Wenn Sie die Butter zum Schluss untermischen, sollte so viel Flüssigkeit vorhanden sein, dass eine sämige Emulsion entsteht, die eine wunderbare Sauce auch für die Ravioli ist. Am besten schwenken Sie die Ravioli vor dem Anrichten kurz darin durch.

Erdäpfel-Rettich-Karotten-Puffer
mit Curryrahm

Für die Puffer
- 200 g Erdäpfel, festkochend
- 200 g weißer Rettich
- 200 g Karotten
- 2 Eier
- 20 g Maizena
- 1 Prise Cayennepfeffer

Für den Curryrahm
- 1/2 säuerlicher Apfel
- 2 EL Zitronensaft
- 1 Prise Zucker
- 150 g Sauerrahm
- 50 g Crème fraîche
- 1 TL Currypulver

- Meersalz
- schwarzer Pfeffer aus der Mühle

- Olivenöl und Butter zum Ausbacken
- frische Kräuter zum Verfeinern

Schritt 1 / Erdäpfel, Rettich und Karotten schälen und grob raspeln. In eine Schüssel geben und sofort kräftig einsalzen. 10 Minuten ruhen lassen und dann das ausgetretene Wasser ausdrücken.

Schritt 2 / Für den Curryrahm den Apfel schälen und in sehr kleine Würfel schneiden. Sofort mit Zitronensaft und Zucker vermengen und ebenfalls kurz ruhen lassen.

Schritt 3 / Sauerrahm mit Crème fraîche und Currypulver vorsichtig verrühren und die Apfelwürfel (ohne den ausgetretenen Saft) untermengen. Mit Salz und Pfeffer kräftig abschmecken.

Schritt 4 / Die Gemüse mit den Eiern und dem Maizena gut verrühren und mit Salz und Pfeffer sowie Cayennepfeffer abschmecken.

Schritt 5 / Olivenöl in einer beschichteten Pfanne erhitzen und die Gemüsemasse löffelweise einsetzen und leicht flach drücken. Die Puffer bei mittlerer Hitze goldbraun backen und dann wenden. Einige Butterflöckchen in die Pfanne geben und die Puffer auch auf der zweiten Seite goldbraun backen. Mit dem Curryrahm und Kräutern nach Wahl servieren.

Mein Tipp Für besonders lockere Puffer trennen Sie die Eier und mischen das Eiweiß als geschlagenen Eischnee unter. Als geschmackliche Variation können Sie auch zusätzlich Gemüsemais oder geraspelte Zucchini in die Puffermasse mischen.

- 1 großer Knollensellerie
- 8 getrocknete Tomatenfilets
- 200 g Mozzarella
- 2 Eier
- 3 EL Mehl
- 100 g Semmelbrösel
- 50 g Parmesan, frisch gerieben

- Pflanzenöl zum Ausbacken
- Meersalz
- schwarzer Pfeffer aus der Mühle

Sellerie-Cordon-Bleu
mit getrockneten Tomaten und Mozzarella in Parmesan gebacken

Schritt 1 / Den Sellerie schälen und gleichmäßig in 3 mm dicke Scheiben (es sollte mindestens 8 Scheiben ergeben) schneiden. Die Selleriescheiben in Salzwasser 2 Minuten blanchieren, abgießen und auf Küchenrolle trocken legen.

Schritt 2 / Die getrockneten Tomaten in feine Würfel schneiden. Den Mozzarella in dünne Scheiben schneiden.

Schritt 3 / Mozzarella und Tomaten auf 4 Selleriescheiben verteilen und jeweils mit einer weiteren Selleriescheibe belegen, leicht andrücken, mit Salz und Pfeffer beidseitig würzen.

Schritt 4 / Die Eier verquirlen und die Sellerie-Cordon-Bleus zuerst in Mehl und dann in Ei wenden. Die Semmelbrösel mit dem Parmesan vermengen und die Selleriescheiben darin panieren.

Schritt 5 / Die Sellerie-Cordon-Bleus zügig im Pflanzenöl schwimmend goldbraun ausbacken und sofort servieren.

Mein Tipp Wenn es nicht vegetarisch sein muss, können Sie die Sellerie-Cordon-Bleus zusätzlich mit etwas Prosciutto crudo oder Kochschinken füllen.

Spaghetti
mit Gemüsebolognese

- 200 g Karotten
- 200 g Knollensellerie
- 100 g Petersilwurzel
- 2 Stangen Staudensellerie
- 6 EL Olivenöl
- 1 Zwiebel, fein gewürfelt
- 2 Knoblauchzehen, fein geschnitten
- 1 EL Tomatenmark
- 1/8 l Rotwein
- 1 Dose Pelati-Tomaten
- 200 ml Wasser
- 1/2 TL Zucker
- 1 Prise Kardamom, gemahlen
- 2 EL Petersilie, frisch geschnitten

- 320 g Spaghetti
- 70 g Parmesan, frisch, gerieben

- Meersalz
- schwarzer Pfeffer aus der Mühle

Schritt 1 / Karotten, Knollensellerie und Petersilwurzel schälen und in 3 mm große Würfel schneiden. Vom Staudensellerie die Fäden abziehen und diesen ebenfalls in Würfel schneiden.

Schritt 2 / Das Olivenöl in einem Topf erhitzen und die Zwiebel darin glasig braten. Alle Gemüse und den Knoblauch zugeben und 2 Minuten braten. Mit Salz und Pfeffer würzen und das Tomatenmark zugeben und gut durchrösten.

Schritt 3 / Mit dem Rotwein ablöschen und diesen etwas reduzieren lassen. Die Pelati-Tomaten zugeben und 200 ml Wasser zufügen. Zucker und Kardamom untermengen und die Sauce halb zugedeckt etwa 30 Minuten bei mittlerer Hitze köcheln lassen.

Schritt 4 / Die Spaghetti in Salzwasser bissfest kochen, abgießen und in Tellern anrichten.

Schritt 5 / Die Sauce abschmecken, die Petersilie untermischen und die Sauce auf den Spaghetti verteilen. Mit Parmesan bestreut servieren.

Mein Tipp Sparen Sie bei dieser vegetarischen Sauce nicht mit Olivenöl. Das Fett ist notwendig, damit sich die Aromen der Gemüse richtig entwickeln können. Für einen extra Genuss-Kick kann man vor dem Servieren auch noch etwas Butter in die Sauce montieren. Das macht sie samtiger und bringt die Aromen noch besser hervor.

- 250 g Karotten
- 200 g gelbe Rüben
- 2 Petersilwurzeln
- 2 Pastinaken
- 2 Süßkartoffeln
- 5 Knoblauchzehen
- 8 Stangen Junglauch oder Frühlingszwiebeln
- 2 Vanilleschoten
- 50 ml Olivenöl, kalt gepresst

- 1/2 TL Maldon Sea Salt oder Meersalzflocken
- schwarzer Pfeffer aus der Mühle

Wurzelgemüse
vom Blech

Schritt 1 / Die Wurzelgemüse waschen, schälen und in grobe, etwa gleich große Stücke schneiden. Den Junglauch im Ganzen lassen. Die Knoblauchzehen andrücken. Die Vanilleschoten längs halbieren und das Mark auskratzen.

Schritt 2 / Alle Wurzelgemüse bis auf die Süßkartoffeln in einer Schüssel mit der Vanille (Mark und Schoten), dem Knoblauch und dem Olivenöl gut vermischen und für etwa 1/2 Stunde marinieren lassen. Das Backrohr auf 175°C Ober-/Unterhitze vorheizen.

Schritt 3 / Die marinierten Wurzelgemüse auf einem Blech verteilen und für 10 bis 25 Minuten (je nach Größe der Stücke) schmoren, bis sie halb gar sind. Dann die Süßkartoffeln und Lauch/Frühlingszwiebeln dazugeben, untermischen und alles leicht mit Pfeffer würzen. Das Gemüse für weitere 25 bis 35 Minuten schmoren, bis alles ganz weich und leicht gebräunt ist. Das Maldon Sea Salt über das Gemüse streuen und dabei mit den Fingern zerreiben. Dieses Salz ist besonder zart und „zergeht" regelrecht auf der Zunge.

Mein Tipp Dieses geschmorte Wurzelgemüse eignet sich sowohl als Beilage (etwa zu Huhn) als auch als Hauptgericht - mit frischem Weißbrot und z.B. einem Kräuterdip serviert. Und welche Gemüsesorten Sie verwenden, ist ganz Ihrem persönlichen Geschmack und dem Marktangebot überlassen. Auch Rote Rüben können auf diese Weise zubereitet werden. Achten Sie nur auf die unterschiedlichen Garzeiten der Wurzelgemüsesorten und fügen Sie solche mit geringerer Garzeit erst später zu.

· Radice · Raiz · Wurzel · Radix · Root · Racine · Radice · Raiz · Wurzel · Radix · Root · Racine ·

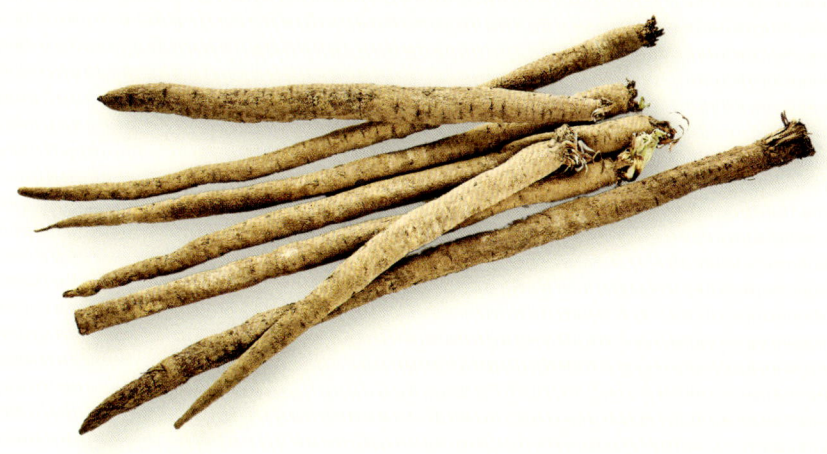

Saftig & süffig
Brot und Co

- 42 g frischer Germ
- 100 ml Wasser, lauwarm
- 400 g Vollkornmehl
- 2 TL Salz
- 250 g Karotten, geschält und geraspelt
- 20 g Butter, flüssig

- Mehl für die Arbeitsfläche

Karottenbrot

Schritt 1 / Den Germ im Wasser auflösen. Mehl und Salz in eine Schüssel geben und eine Mulde hineindrücken.

Schritt 2 / Wasser, Karottenraspel und Butter in die Mulde geben und Mehl vom Rand her einkneten, bis ein krümeliger Teig entstanden ist.

Schritt 3 / Den Teig auf eine bemehlte Arbeitsfläche geben und ca. 10 Minuten mit den Händen durchkneten.

Schritt 4 / Den Teig in einer Schüssel zugedeckt gut 1 Stunde gehen lassen.

Schritt 5 / Den Teig zu einem Brotlaib formen, auf ein mit Backpapier ausgelegtes Backblech setzen und erneut 45 Minuten aufgehen lassen.

Schritt 6 / Das Brot im auf 190°C Ober-/Unterhitze vorgeheizten Backofen ca. 45 Minuten backen.

Mein Tipp Dieses Brot ist durch die Karotten sehr saftig und gut haltbar. Sie können auch zusätzlich gehackte Walnüsse oder gekochte Graupen in den Teig einarbeiten. Auch etwas Mohn macht sich gut im Karottenbrot. Ihrer Fantasie sind kaum Grenzen gesetzt!

- 500 g Süßkartoffeln
- 42 g frischer Germ
- 75 ml warmes Wasser
- 1 Prise Zucker
- 500 g Mehl
- 60 g Salz

Süßkartoffelbrot

Schritt 1 / Die Süßkartoffeln schälen und in Salzwasser ca. 15–20 Minuten weich kochen. Nadelprobe machen (Rezept Seite 46). Abgießen und etwas ausdämpfen lassen, dann durch eine Kartoffelpresse drücken.

Schritt 2 / Germ mit Wasser und Zucker verrühren. Mehl, Süßkartoffelbrei und das Salz zugeben und alles mit dem Knethaken eines Mixers oder in einer Rührmaschine etwa 10 Minuten zu einem glatten Teig rühren.

Schritt 3 / Den Teig mit Wasser bepinseln und zugedeckt an einem warmen Ort zu doppelter Größe aufgehen lassen.

Schritt 4 / Aus dem Teig Fladen in gewünschter Größe formen und auf ein mit Backpapier ausgelegtes Backblech setzen. Erneut zu doppelter Größe aufgehen lassen.

Schritt 5 / Die Brote im auf 220°C Ober-/Unterhitze aufgeheizten Backofen je nach Größe etwa 20 bis 30 Minuten backen. Dabei eine Schüssel mit Wasser auf den Boden des Rohrs stellen.

Mein Tipp Das Süsskartoffelbrot schmeckt am besten ganz frisch. Es lässt sich aber auch gut einfrieren und aufbacken. Backen Sie die Brote dazu etwas kürzer und frieren Sie sie sofort nach dem Auskühlen ein.

Focaccia
mit Blutwurst und Kren

Für den Teig
- 500 g Mehl
- 20 g Salz
- 42 g frischer Germ
- 200 ml lauwarmes Wasser
- 50 g Butter, zimmerwarm
- 25 ml Olivenöl

Für die Fülle
- 200 g Blutwurst
- 1 Knoblauchzehe, fein geschnitten
- 1 kleine Zwiebel, fein gewürfelt
- 2 EL Olivenöl
- 1 EL Thymian, gerebelt und fein geschnitten
- 1 TL Rosmarin, fein geschnitten
- 40 g Kren, frisch gerieben

- Meersalz
- schwarzer Pfeffer aus der Mühle

- Mehl zum Ausrollen des Teigs
- Olivenöl zum Bestreichen

Schritt 1 / Für den Teig Mehl und Salz vermischen. Germ im Wasser auflösen und alle Zutaten in einer Rührmaschine oder mit dem Knethaken des Mixers 10 Minuten verkneten.

Schritt 2 / Den Teig zugedeckt kalt stellen und 2 Stunden rasten lassen.

Schritt 3 / Für die Fülle die Blutwurst häuten und mit einer Gabel zerdrücken.

Schritt 4 / Knoblauch und Zwiebel im Olivenöl anschwitzen, Blutwurstmasse und Kräuter zugeben und gut durchrösten. Die Masse vom Herd nehmen, den Kren untermengen und mit Salz und Pfeffer würzen.

Schritt 5 / Den Teig in 8 gleiche Teile teilen und jeden davon oval ausrollen. Die Blutwurstmasse auf vier der Teigstücke verteilen, dabei einen Rand von 1 cm frei lassen. Jeweils ein weiteres Teigstück darauflegen und die Ränder gut andrücken. Die obere Teigplatte mit einem Messer mehrmals schräg einschneiden.

Schritt 6 / Die Focacce auf ein mit Backpapier ausgelegtes Blech setzen und an einem warmen Ort aufgehen lassen.

Schritt 7 / Die Focacce mit Olivenöl bepinseln und im auf maximale Temperatur vorgeheizten Backofen bei Ober-/Unterhitze etwa 6–7 Minuten backen.

Mein Tipp Diese herrlich aromatischen Focacce schmecken auch lauwarm oder kalt. Sie sind daher die perfekten Begleiter bei einem Picknick.

Karottentorte

Schritt 1 / Die Eier trennen und das Eiweiß kalt stellen. Die Dotter mit Zucker, Vanillezucker, Zitronensaft und den Gewürzen sehr schaumig rühren.

Schritt 2 / Mandeln, Karotten und Rum unter die Eimasse mengen. Mehl und Backpulver einsieben und unterrühren.

Schritt 3 / Das Eiweiß mit 1 Prise Salz zu festem Schnee schlagen und unter die Tortenmasse heben.

Schritt 4 / Eine Tortenform buttern, mit Mehl bestäuben und die Masse einfüllen. Bei 175°C Heißluft im vorgeheizten Backofen etwa 45 Minuten backen und in der Form auskühlen lassen.

Schritt 5 / Für die Glasur die Kuvertüre klein schneiden. Zucker im Wasser aufkochen, bis er sich vollständig aufgelöst hat. Die Schokolade und das Öl einrühren und die Masse leicht überkühlen lassen. Dabei öfter umrühren.

Schritt 6 / Die Torte aus der Form nehmen, in der Mitte einmal durchschneiden und mit Ribiselmarmelade füllen. Die Oberfläche der Torte dünn mit Ribiselmarmelade bestreichen und antrocknen lassen. Danach mit der Schokolade glasieren und mit den Mandeln dekorieren.

Mein Tipp Eine „gesunde" Torte, die gänzlich ohne Butter auskommt! Durch die Karotten bleibt sie auch lange saftig. Achten Sie bei den Karotten darauf, möglichst junge zu verwenden, da diese zarter im Geschmack sind.

Für 1 Tortenform mit 26 cm Durchmesser
- 4 Eier
- 200 g Zucker
- 1 Pkg. Vanillezucker
- Saft und Schale von 1/2 Zitrone
- 1 TL Zimtpulver
- 1 Msp. Nelkenpulver
- 200 g Mandeln, gerieben
- 200 g Karotten, geschält und fein gerieben
- 1 EL Rum
- 100 g Mehl
- 1/2 Pkg. Backpulver
- 1 Prise Salz

Für die Glasur
- 200 g dunkle Kuvertüre
- 100 g Zucker
- 100 ml Wasser
- 1 EL Pflanzenöl

- Butter und Mehl für die Form
- Ribiselmarmelade zum Füllen
- geschälte Mandeln zum Dekorieren

- 40 g Ingwer
- 1/2 l Wasser
- 3 Limetten
- 150 g brauner Rohrzucker
- 1/4 l Mineralwasser
- 1 l Prosecco
- Honig nach Belieben

Limetten-Ingwer-Bowle

Schritt 1 / Den Ingwer schälen und in Scheiben schneiden. Wasser mit dem Ingwer zum Kochen bringen und 1 Stunde ziehen lassen.

Schritt 2 / Zwei Limetten in Spalten schneiden und mit dem Rohrzucker in einem Krug zerstoßen. Das Ingwerwasser darübergießen und am besten über Nacht im Kühlschrank ziehen lassen.

Schritt 3 / Von der verbliebenen Limette die Schale dünn abschneiden, den Saft auspressen.

Schritt 4 / Das Limetten-Ingwer-Wasser in einen Krug seihen, mit Mineralwasser und Prosecco auffüllen, mit Honig und Limettensaft abschmecken und mit Eiswürfeln und der Limettenschale servieren.

Mein Tipp Um die Bowle fruchtiger zu machen, können Sie sie auch noch mit frisch gepresstem Orangen- oder Ananassaft ergänzen.

Frischer Ingwertee

- 3 cm Ingwer
- 1 Limette
- 4 Nelken
- 1/4 Stange Zimt
- 1 Prise Kardamom, gemahlen
- 1 Prise Kurkuma, gemahlen
- 1,2 l Wasser

Schritt 1 / Den Ingwer schälen und fein reiben. Die Schale der Limette dünn abschneiden, den Saft auspressen.

Schritt 2 / Ingwer, Limettenschale und die Gewürze im Wasser zum Kochen bringen und den Sud auf etwa die Hälfte reduzieren lassen, dann abseihen.

Schritt 3 / Den fertigen Tee mit Honig und etwas Limettensaft verfeinern.

Paste für Ingwertee

- 300 g Ingwer
- Saft von 3 Zitronen
- 150 g Gelierzucker

Schritt 1 / Den Ingwer schälen und in Stücke schneiden. Mit dem Zitronensaft und dem Gelierzucker im Mixer fein pürieren.

Schritt 2 / Die Ingwerpaste in einem Topf 5 Minuten lang unter Rühren köcheln lassen und sofort in kleine, zuvor ausgekochte Marmeladegläser füllen und verschließen. Im Kühlschrank aufbewahren.

Schritt 3 / Zur Zubereitung des Tees einen Teelöffel der Ingwerpaste in kochendem Wasser auflösen. Nach Geschmack mit Honig süßen.

Mein Tipp Neben seinen vielen gesundheitlichen Vorteilen wird Ingwer auch eine wärmende Wirkung nachgesagt. Deshalb passt Ingwertee hervorragend in die kalte Jahreszeit. Sie können übrigens auch jede Art von Früchte- oder Kräutertee zusätzlich mit einem Scheibchen Ingwer oder der Ingwerpaste aromatisieren.

Radice · Raíz · Wurzel · Radix · Root · Racine · Radice · Raíz · Wurzel · Radix · Root · Racine ·

Register & Glossar

Alphabetisches Rezeptregister

B
Borschtsch → 70

C
Carpaccio von Roten Rüben mit Apfelvinaigrette und Kren → 46
Crudité mit zweierlei Dips → 45

E
Entenbrust, gebratene, mit zweierlei glacierten Rüben → 95
Erdäpfel-Rettich-Karotten-Puffer mit Curryrahm → 122
Erdäpfel-Topfen-Ravioli → Glacierter Rettich mit Erdäpfel-Topfen-Ravioli → 121

F
Fenchel
    Fenchel-Orangen-Risotto → 56
    Salat von Wurzelgemüsen und Pilzen mit Tomatenjus → 30
Focaccia mit Blutwurst und Kren → 137
Forelle in Buttermilch mit Wurzelgemüse → 106
Frischer Ingwertee → 143

G
Gebackene Wurzelgemüsepralinen mit Shrimps → 55
Gebratene Entenbrust mit zweierlei glacierten Rüben → 95
Gefüllte Hühnerbrust mit Karottensauce → 96
Gefüllter Kohlrabi → 111
Gekochtes Rindfleisch mit Wurzelgemüse und Semmelkren → 88
Glacierter Rettich mit Erdäpfel-Topfen-Ravioli → 121
Gratin von Sellerie, Haferwurzeln und Birne → 50

H
Haferwurzeln
    Gratin von Sellerie, Haferwurzeln und Birne → 50
Hühnerbrust, gefüllte, mit Karottensauce → 96

I
Ingwer
    Frischer Ingwertee → 143
    Karottensuppe mit Ingwer → 69
    Limetten-Ingwer-Bowle → 141
    Paste für Ingwertee → 143

K
Kalbsleber auf Majoranzwiebeln mit Selleriepüree → 92
Karotten
    Borschtsch → 70
    Crudité mit zweierlei Dips → 45
    Erdäpfel-Rettich-Karotten-Puffer mit Curryrahm → 122
    Karottenbrot → 132
    Karottensalat, zweierlei Karottensalat → 33
    Karottensauce → Gefüllte Hühnerbrust mit Karottensauce → 96
    Karottensuppe mit Ingwer → 69
    Karottentorte → 138
    Scampi in Karottenöl → 34
    Spaghetti mit Gemüsebolognese → 126
Knusperlasagne mit Pastinakencreme und Mozzarella → 114
Kohlrabi
    Crudité mit zweierlei Dips → 45
    Gefüllter Kohlrabi → 111
    Kohlrabi-Erdäpfel-Suppe → 75
    Kohlrabi-Lasagne mit Blattspinat → 112
    Kohlrabi-Rohkost mit Ziegenfrischkäsecreme und Pinienkernen → 43
Kraut und Rüben → 59
Kren
    Carpaccio von Roten Rüben mit Apfelvinaigrette und Kren → 46
    Focaccia mit Blutwurst und Kren → 137
    Gekochtes Rindfleisch mit Wurzelgemüse und Semmelkren → 88
    Kraut und Rüben → 59
    Lachsforelle mit Radieschen und Kren → 100
    Rote-Rüben-Salat mit Kren → 37
    Sauerrahmsuppe mit Variation von Roten Rüben → 82
    Steirisches Wurzelfleisch mit Kren → 86

L
Lachsforelle mit Radieschen und Kren → 100
Lasagne, offene, von Lachs und Topinambur mit Safrannudeln → 99

Limetten-Ingwer-Bowle → 141

M
Mairübchen
- Rohkostsalat von Mairübchen mit Joghurtdressing → 40
- Gebratene Entenbrust mit zweierlei glacierten Rüben → 95

Milchsaures Wurzelgemüse → 21

O
Offene Lasagne von Lachs und Topinambur mit Safrannudeln → 99

P
Panierte Schwarzwurzeln mit Sauce Remoulade → 109
Paste für Ingwertee → 143

Pastinake
- Gebackene Wurzelgemüsepralinen mit Shrimps → 55
- Knusperlasagne mit Pastinakencreme und Mozzarella → 114
- Pot au Feu von Wintergemüsen und Lamm → 91
- Wurzelgemüse vom Blech → 129

Petersilwurzel
- Borschtsch → 70
- Pot au Feu von Wintergemüsen und Lamm → 91
- Scampi in Karottenöl → 34
- Spaghetti mit Gemüsebolognese → 126
- Wurzelgemüse vom Blech → 129

Pot au Feu von Wintergemüsen und Lamm → 91

R
Radieschen
- Lachsforelle mit Radieschen und Kren → 100
- Radieschensuppe mit Buttermilch und Kresse → 72

Rettich
- Erdäpfel-Rettich-Karotten-Puffer mit Curryrahm → 122
- Rettich aus dem Wok → 118
- Rettich, glacierter, mit Erdäpfel-Topfen-Ravioli → 121

Rindfleisch, gekochtes, mit Wurzelgemüse und Semmelkren → 88
Rohkostsalat von Mairübchen mit Joghurtdressing → 40

Rote Rüben
- Borschtsch → 70
- Carpaccio von Roten Rüben mit Apfelvinaigrette und Kren → 46
- Gebratene Entenbrust mit zweierlei glacierten Rüben → 95
- Kraut und Rüben → 59
- Rote Rüben mit gelierter Rindsuppe und Matjes → 49
- Rote-Rüben-Essenz mit Sellerieravioli → 77
- Rote-Rüben-Ravioli mit Mohnbutter → 117
- Rote-Rüben-Salat mit Kren → 37
- Sauerrahmsuppe mit Variation von Roten Rüben → 82

S
Salat von Wurzelgemüsen und Pilzen mit Tomatenjus → 30
Sauerrahmsuppe mit Variation von Roten Rüben → 82
Schalotten-Pflaumen-Chutney → 29
Semmelkren → Gekochtes Rindfleisch mit Wurzelgemüse und Semmelkren → 88
Scampi in Karottenöl → 34

Schwarzwurzeln
- Gratin von Sellerie, Haferwurzeln und Birne → 50
- Schwarzwurzelcremesuppe → 78
- Schwarzwurzeln, panierte, mit Sauce Remoulade → 109
- Schwarzwurzeltarte mit geräuchertem Schafskäse → 103

Sellerie
- Crudité mit zweierlei Dips → 45
- Gratin von Sellerie, Haferwurzeln und Birne → 50
- Sellerie-Cordon-Bleu mit getrockneten Tomaten und Mozzarella in Parmesan gebacken → 125
- Selleriecremesuppe → 66
- Sellerie-Erdäpfel-Gratin → 52
- Selleriepüree → Kalbsleber auf Majoranzwiebeln mit Selleriepüree → 92
- Sellerieravioli → Rote-Rüben-Essenz mit Sellerieravioli → 77
- Selleriesalat nach Waldorf-Art → 36
- Selleriesalz → 10

Spaghetti mit Gemüsebolognese → 126
Steckrüben-Quiche → 104
Steirisches Wurzelfleisch mit Kren → 86
Süßkartoffelbrot → 135
Süßkartoffel-Pizzokel → 60

T
Topinambursuppe mit Leberpaté-Schnitten → 64

W
Waldorfsalat → Selleriesalat nach Waldorf-Art → 36
Wurzelgemüse
    Forelle in Buttermilch mit Wurzelgemüse → 106
    Gekochtes Rindfleisch mit Wurzelgemüse und Semmelkren → 88
    Pot au Feu von Wintergemüsen und Lamm → 91
    Salat von Wurzelgemüsen und Pilzen mit Tomatenjus → 30
    Spaghetti mit Gemüsebolognese → 126
    Steirisches Wurzelfleisch mit Kren → 86
    Wurzelgemüse vom Blech → 129
    Wurzelgemüse, milchsaures → 21
    Wurzelgemüsepralinen, gebackene, mit Shrimps → 55

Z
Zweierlei Karottensalat → 33
Zwiebel
    Schalotten-Pflaumen-Chutney → 29
    Majoranzwiebeln → Kalbsleber auf Majoranzwiebeln mit Selleriepüree → 92
    Zwiebelsamtsuppe mit gebratenem Karpfen → 81

Glossar

Brösel/Semmelbrösel, Paniermehl
Dotter/Eigelb
Erdäpfel/Kartoffeln
Frühlingszwiebeln/Jungzwiebeln
Germ/Hefe
Karotte/Möhre
Kren/Meerrettich
Lauch/Porree
Maizena/Maisstärke
Marmelade/Konfitüre
Maroni/Esskastanien
Matjes/in Salzlake eingelegte Heringe
Pernod/Anisschnaps
Ribisel/Johannisbeere
Sauerrahm/saure Sahne
Schlagobers/Schlagsahne, süße Sahne
Staubzucker/Puderzucker
Staudensellerie/Stangensellerie
Topfen/Quark
Vinaigrette/Dressing aus Öl, Essig und weiteren Zutaten
Vogerlsalat/Feldsalat

Herbert Lehmann

... lernte Fotografie in seiner Heimatstadt Linz, besuchte in Wien die Filmakademie und arbeitete ursprünglich als Kameramann und Regisseur bei Werbespots und Unternehmensfilmen. Anfang der 1990er Jahre kam Herbert Lehmann wieder zurück zur Fotografie. Durch zahlreiche Reisereportagen kam er immer wieder und sehr intensiv mit der Kulinarik in Berührung und entwickelte ein besonderes Interesse für die Authentizität regionaler Küchen und für die Handschrift großer Kochpersönlichkeiten. Seine Aufnahmen zeigen, dass sein Zugang zu einem Gericht nicht nur ästhetischer Natur ist, sondern dass er mit der Kamera das Wesen einer Speisenkomposition erfasst. Sein Kochbuch-Werkverzeichnis setzt sich sich aus über drei Dutzend Publikationen mit den wichtigsten Hauben- und Sterneköchen Österreichs zusammen.

Auszeichnungen
Gewinner des *Prix Prato 2014* in der Kategorie „Kulinarische Fotografie" / *6th Photography Masters Cup 2013*: 2nd Place – Merit of Excellence für „Blue Fin"

www.herbertlehmann.com

Strahlender Blickfang: Die gelben Blüten der Topinamburpflanzen